MW01538233

Ardila Arrieta, Laura

   La Costa Nostra: la historia de los Char, el clan político más poderoso de Colombia / Laura Ardila Arrieta
Bogotá : Rey Naranjo Editores, 2023.   224 páginas ; 24 cm.

   ISBN 978-628-7589-17-9

1. Periodismo investigativo 2. Corrupción política - Colombia 3. Clientelismo político – Colombia 4. Delitos políticos – Colombia 5. Tácticas políticas - Colombia 6. Participación política - Colombia

CDD-22 364.13238611

REY NARANJO EDITORES
www.reynaranjo.net

¶
La Costa Nostra
© Laura Ardila Arrieta, 2023
c/o Indent Literary Agency
www.indentagency.com

© Rey Naranjo Editores, 2023

Primera edición | Agosto 2023
Primera reimpresión | Agosto 2023
Segunda edición | Septiembre 2023

Dirección editorial: John Naranjo • Carolina Rey Gallego
Dirección de diseño: Raúl Zea
Equipo R+N: Alberto Domínguez • Daniela Mahecha • Isabella Viracachá

Impreso en Colombia por Panamericana Formas e Impresos S.A.

ISBN 978-628-7589-17-9

Hecho el depósito de ley

LA COSTA NOSTRA

LAURA ARDILA ARRIETA

REY NARANJO EDITORES

*A la dulce memoria de abuelita Zoraida
y de mis tíos Hollman y Carlos José,
que esperaban este libro y se fueron
justo cuando comenzaba a escribirlo.*

*A los colegas que, a pesar de todo,
le apuestan a hacer buen periodismo
desde las regiones de Colombia.*

A estas élites locales se les ha dado libertad para gobernar
como ellos deseen e incluso se les ha permitido tener
representación en el Congreso, a cambio de dar soporte
político y de no desafiar a las élites nacionales. Es esta
forma de gobierno en la periferia lo que ha creado el caos y la
ilegalidad que ha aquejado a Colombia.

JAMES ROBINSON
Colombia: ¿Otros cien años de Soledad?

Siempre vale la pena tener en cuenta cualquier
coincidencia —se dijo miss Marple—. Luego, se puede
desechar si realmente no es más que eso.

AGATHA CHRISTIE
Némesis

Y en la madrugada del lunes la ciudad despertó de su
letargo de siglos con una tibia y tierna brisa de muerto grande
y de podrida grandeza.

GABRIEL GARCÍA MÁRQUEZ
El otoño del patriarca

CONTENIDO

PREÁMBULO IMPENSADO AL LIBRO QUE SÍ FUE: EL SILENCIO NO ERA UNA OPCIÓN

En julio de 2023, en mi columna de *El Espectador*, escribí sobre aquello que un periodista, al menos como yo concibo ser periodista, no debería escribir: escribí sobre mí misma.

Y lo hice respecto a un asunto que tampoco debería sucederle jamás a ningún periodista: escribí sobre la cancelación de mi libro.

De este libro.

En noviembre de 2020, le había presentado a la Editorial Planeta la propuesta para explicar cómo los Char, un grupo de poder local del Caribe colombiano, se convirtió en una megamaquinaria electoral de alianzas y prácticas sospechosas, con aspiraciones presidenciales y tentáculos por toda la región. En respuesta, cuatro meses después, Planeta me ofreció un contrato como autora que incluyó un anticipo de plata para comenzar a trabajar.

Durante dos años y un mes, trabajé de la mano de un editor de esa corporación que conoció todos los retos y avances de la investigación, y cultivó conmigo la misma ilusión por ver publicado este libro. Juntos lamentamos que los protagonistas no hayan accedido a hablarme, y juntos celebramos cada nuevo hallazgo o cuando le propuse el título. Jamás en ese tiempo, ni él ni nadie en la editorial, me manifestaron ninguna duda frente a la concreción del proyecto.

Por el contrario: además del aval permanente del editor, el departamento de arte de la Editorial Planeta diseñó una cubierta a mi gusto y realizó la diagramación, me mandaron a hacer la foto de la solapa y hablábamos incluso de cómo serían las presentaciones en Bogotá y Barranquilla, que es la sede del imperio de los Char y sus políticos y contratistas aliados.

Como periodista, me sentía segura nadando en las aguas de semejante respaldo a mi reportería. Pero eso era (y es) porque todos los capítulos del texto contaron, también, con la edición periodística de Juanita León, directora de *La Silla Vacía*, el medio en el que trabajé diez años y en donde le pusieron alas a este sueño con respaldo editorial y económico.

Aunque Planeta nunca me planteó la necesidad de hacerle una revisión jurídica al libro, igualmente por petición mía, la fundación El Veinte (que trabaja en defensa de la libertad de expresión) me apoyó haciendo la edición legal. La lideró su directora Ana Bejarano, abogada y columnista del portal *Los Danieles*.

El Veinte me sugirió ajustar algunas referencias a fuentes, para que estas quedaran correctamente citadas, e incluir en el epílogo el relato de episodios complicados ocurridos durante la reportería, porque al publicitarlos me protejo y de paso los lectores pueden comprender las dificultades que implicó este trabajo periodístico.

En mayo de 2023, un mes después de haber entregado el manuscrito completo a la editorial, el editor de Planeta con el que venía trabajando me pidió de la nada el informe escrito de la revisión hecha por El Veinte. El documento señala que *La Costa Nostra* tiene un riesgo alto de litigio por parte de los personajes investigados, pero recomienda su publicación por tratarse de un tema de preponderante interés público. Aseguran los abogados de esa fundación que esta reportería es completa y suficiente y cumple con todos los estándares periodísticos.

«El riesgo de posible litigiosidad resulta alto por cuenta de los actores involucrados, quienes acuden con facilidad a este tipo de estrategia. La evaluación de alto riesgo no responde a lo dicho en el texto sino sobre quién se habla. En el caso de la periodista Ardila, de surgir algún posible hecho litigioso, El Veinte asumirá su defensa judicial», dijo El Veinte en el texto que le entregué a Editorial Planeta.

El concepto de Ana Bejarano y su organización reafirmó mi tranquilidad frente a la seriedad y al rigor que comprometí en cada una de las líneas de esta historia. Y la calificación de riesgo alto de litigio no me sorprendió, conociendo como conozco los datos de acoso y hostigamiento judicial, en contra de quienes investigan la corrupción, que ha revelado la Fundación para la Libertad de Prensa (FLIP).[1]

Un mes más tarde, el 4 de julio de 2023, fui citada a una reunión extraordinaria en la sede de Planeta en Bogotá. Ese día conocí las instalaciones de la editorial y a la señora Mariana Marczuk, quien se me presentó como la directora editorial de Planeta para la región Andina. En un encuentro que duró media hora, fue ella la funcionaria encargada de notificarme la decisión de la corporación de no publicar mi libro, cuando ya estaba todo listo para hacerlo, y de acabar unilateralmente el contrato que teníamos.

Los motivos: Planeta, que en su página web se autodefine como la editorial con mayor influencia en el mundo de habla hispana, no estaba dispuesta a asumir el riesgo legal de una eventual demanda por daños morales, de parte de los señores de Barranquilla que aquí retrato. Según me aseguró Mariana Marczuk, el manuscrito de *La Costa Nostra* fue enviado al departamento legal de la empresa en España y allá hicieron una revisión jurídica y tomaron la determinación.

Lo curioso de ese momento de mensajes erráticos fue que, al tiempo, la directora editorial reconoció que en Planeta coincidían con Juanita León y con la fundación El Veinte respecto a la calidad periodística e integridad de la investigación: «No tiene nada que ver con tu investigación, tu investigación es impecable, tu libro es fabuloso, lo leímos todos nosotros, lo leyeron hasta en España, y todos coinciden en que es un libro fantástico».

---

1 El acoso judicial es una forma de agresión que tiene como fin intimidar y afectar económica y emocionalmente a quienes hacen denuncias de interés público. La FLIP ha documentado este fenómeno desde 2008 y ha brindado apoyo legal a periodistas y medios en 304 casos. En 2023, entré a integrar el consejo directivo de la FLIP.

La Costa Nostra es «una joya del periodismo de investigación» y «un extraordinario libro», afirmó Marczuk, mientras me despedía deseando que ojalá encontrara otro lugar para publicar. Cuando le pregunté si algún tercero se había comunicado con la editorial para presionar esa cancelación me respondió que no. Esa misma pregunta, y otras más, se la formulé a Planeta por escrito, pero nunca respondieron

Este libro ya no iba a salir. Y, sin embargo, yo quería dejar constancia pública de cómo algo así ayuda a entender el funcionamiento del poder en Colombia. Ya no era la sensación personal de absoluto irrespeto y atropello con mi trabajo.

En mi columna de julio de 2023 en *El Espectador* declaré que, para mí, el silencio no es una opción porque la cancelación de cualquier investigación periodística relevante se vuelve de interés público, en la medida que afecta a los ciudadanos que no pueden acceder a esa información. En el caso de *La Costa Nostra*, esto que ocurrió, además, ratifica las dificultades que tiene que enfrentar quien se atreva a escrutar el poder de los protagonistas Char y sus principales contratistas, los empresarios Daes. Como se leerá más adelante, ya estaban detallados en estas páginas varios ejemplos de los riesgos de ese cubrimiento, entre los que se cuentan presiones, mensajes intimidatorios y robo de información. El tropiezo previo a la salida fue, en últimas, una corroboración más de lo narrado.

La historia de los Char, el clan político más poderoso de Colombia, ya no iba a salir. Luego de mi relato, a la decisión de Planeta se sumó una campaña de desprestigio en Twitter con tuiteros[2] que no solo buscaban poner en duda la investigación, asegurando por ejemplo que la habían

---

2   Una investigación del portal *ColombiaCheck* y de *La Liga contra el Silencio* (una alianza de dieciséis medios de varias regiones de Colombia) reveló después que varias de esas cuentas guardaban alguna relación con los Char o con sus contratistas aliados: los Daes.

vetado por tratarse de chismes, sino que hicieron memes y videos para endilgarme supuestos intereses políticos. No parecían golpes fáciles de superar. Pero entonces, inmediatamente, alzaron la mano Juanita León y Ana Bejarano. Las coequiperas de toda confianza, las dos primeras personas a las que llamé cuando salí de la sede de Planeta, ratificando su compromiso con el buen periodismo y la libertad de expresión al ofrecer todos sus esfuerzos para evitar el silencio.

A los pocos días, ese camino fue iluminado por la dignidad de Juan David Correa, el director literario de Editorial Planeta Colombia, que anunció renuncia a su cargo («Ante la decisión corporativa de cancelar esta seria y sólida investigación periodística mis posibilidades y legitimidad han sido diezmadas», escribió en la despedida que mandó a los escritores y escritoras con los que venía trabajando); de la periodista Ana Cristina Restrepo, que rechazó contratar con Planeta el libro que está haciendo sobre las madres de los desaparecidos («No puedo publicar con una casa que no respeta la libertad de expresión», explicó en el mensaje que envió a esa empresa); y de ochenta y ocho artistas, autores y académicos, que en carta conjunta expresaron a la editorial su sorpresa e indignación por la «lamentable censura que hiere nuestra ética como autores y personas dedicadas a la palabra».

Para ese momento, ya estaba encendido el coro. El de otras voces espontáneas, de lectores, ciudadanos, colegas, allegados, amigos, desconocidos, que en redes sociales, columnas, videos, llamadas, mensajes, y hasta por la calle, se manifestaron en contra de cualquier clase de censura y en defensa del valor superior de la libertad.

Un periodista admirado me propuso crear un sello editorial para publicar, otra colega generosa planteó que hiciéramos una colecta para lo mismo. Un vecino de infancia, al que no veo desde hace al menos veinte años, me escribió por Instagram que ya tenía a diez familiares interesados en leer *La Costa Nostra*. El rector del colegio de un corregimiento en Sucre llamó a un tío mío para preguntarle si creía que algún día el libro podría llegar a la biblioteca del plantel.

El timón del barco lo asumió la editorial independiente Rey Naranjo, otro quijote, que nació en una habitación de barrio en Bogotá en 2010 y, trece años más tarde, ha llegado a cuarenta países en más de veinticinco idiomas, con su obsesión por los detalles y el contenido creativo. John Naranjo, Carolina Rey, Raúl Zea y su equipo, abrazaron estas palabras con valentía y propiedad y, más allá, se propusieron hacerlas llegar a la periferia colombiana, que es en donde los ciudadanos conviven con poderes como los aquí descritos y hay una ausencia desoladora de librerías.

En apoyo a la distribución y promoción de estas letras, van *La Silla Vacía*, El Veinte, la Fundación para la Libertad de Prensa y *La Liga contra el Silencio*, que reúne a dieciséis medios de comunicación de varias regiones de Colombia.

Este libro salió gracias a todos ellos. Su publicación es resultado de un esfuerzo colectivo por la libertad de expresión en Colombia, y en defensa de la palabra escrita y del buen periodismo. Que se lea, discuta y critique su contenido. Pero que nadie jamás pueda volver a festejar su silenciamiento. Esa no era una opción.

LAURA ARDILA ARRIETA
Julio 2023

PRÓLOGO

Suele haber dos tipos de buenos periodistas: los que escriben lindas crónicas desde los márgenes del poder y los que investigan al poder sin preocuparse mucho por la escritura.

También suele haber dos tipos de personajes sobre los que escribimos los periodistas: aquellos que sobresalen por sus resultados y aquellos que se destacan por sus fechorías.

Laura Ardila logra en este libro la proeza de investigar a uno de los clanes políticos más poderosos del país y escribir su historia con tal pluma que agarra al lector desde el primer párrafo hasta el último.

Desde la llegada con una mano atrás y otra adelante del abuelo de Álex Char, oriundo de Damasco, al pueblo caribe de Lorica, hasta la ya famosa escena romántica en el malecón entre el exalcalde barranquillero y Aída Merlano, Laura reconstruye la trayectoria del poder de los Char como solo lo puede hacer una gran cronista: a partir de escenas que surgen de cientos de horas de reportería y con la disciplina para dejar que los hechos hablen por sí solos.

Los Char, por su parte, han demostrado una y otra vez una habilidad única para producir excelentes resultados empresariales y políticos en un país donde la gestión, ya sea en el sector privado o en el público, es siempre difícil; y, a la vez, son un grupo con múltiples vínculos —empresariales, políticos y hasta románticos— con personas del bajo mundo criminal.

Esta doble faz de los Char y su entorno político-empresarial ha hecho que cubrir la política en Barranquilla sea uno de los mayores desafíos que ha enfrentado *La Silla Vacía* en su más de una década de existencia. Porque así como han sido artífices del «milagro barranquillero» que volvió habitable, pujante y agradable una ciudad que durante años parecía no tener remedio, han conseguido también que la única historia política que se cuente sea la controlada por ellos. Cualquier cuestionamiento es percibido y tratado como una agresión por su entorno, y hasta por barranquilleros del común y colegas periodistas.

Laura ha sido desde hace años una de las pocas voces disidentes que ha pinchado el unanimismo que impera en el periodismo barranquillero —y también el bogotano— frente a los Char y a sus contratistas de cabecera, los hermanos Daes, cuya generosidad con los periodistas es legendaria. Ese coraje, que Laura demostró durante una década escribiendo en *La Silla*, lo despliega con creces en este libro.

Sus revelaciones sobre la novedad del esquema de contratación ideado por el grupo Char en la Alcaldía explican en parte la eficiencia de su administración pero también la puerta gigante que abre para el movimiento de todo tipo de dineros y para que todo —todo— quede en su círculo de confianza.

Su relato sobre el rol clave que tuvo el clan en la apretada reelección de Juan Manuel Santos en 2014 es una ventana a cómo se suele hacer política en Colombia: los discursos de estadista en la capital, mientras en las regiones esos mismos políticos entregan por debajo de la mesa bolsas de dinero a cambio de los votos que su verbo no logra movilizar.

Quizá lo más interesante de este libro es que, a partir del ascenso del clan Char, Laura refleja la tragedia de la política colombiana. Fuad Char, como muchos otros políticos antes y después de él, arrancó su carrera ondeando la bandera contra la politiquería tradicional y la corrupción. En 1990, cuando llegó al Senado, su triunfo fue calificado como una victoria del voto de opinión. Tres décadas después, su grupo es símbolo del clientelismo y de la compra de votos.

Igualmente, su hijo Álex representaba pulcritud e independencia cuando prometió salvar a la ciudad de la debacle del Cura Hoyos y sus alfiles, aunque, como lo muestra Laura, ya estaba asociado bajo cuerda con la casa Gerlein.

Y si fuera solo un mero asunto de clientelismo y politiquería, vaya y venga.

Pero este libro también pone el lente sobre la combinación letal de violencia y política que se ha dado en el Atlántico, que a diferencia de otros departamentos tuvo pocos condenados por parapolítica pero que no se ha salvado de la infiltración paramilitar en las altas esferas del poder.

Los Char, como lo muestra este libro, han sido indiferentes, cuando no funcionales, a las alianzas político-criminales de candidatos que han apoyado en su expansión Caribe: desde Oneida Pinto en La Guajira hasta el grupo de Alejandro Lyons en Córdoba. En eso, los Char han seguido la receta tradicional para alcanzar y mantener el poder en Colombia. Lo que los hace particularmente interesantes son los ingredientes que le han sumado: la pasión que despierta el Junior, su equipo de fútbol; el carisma y cercanía de Álex con la gente; el arraigo con Colombia; su éxito empresarial y político, que les ha permitido soñar con llegar al solio presidencial; y como si faltara, el romance con una criminal.

Todo esto, y más, hace a este libro memorable.

Solo faltaba sumarle el intento torpe de último minuto para silenciarlo —y el multitudinario gesto de solidaridad con ella— para entender, aún sin haberlo leído, lo importante que era escribirlo. Y lo valioso que existan editoriales independientes como Rey Naranjo que tengan el valor de publicarlo.

JUANITA LEÓN
Julio 2023

UNA HISTORIA DE CASI CIEN AÑOS Y UNA OBSESIÓN PERIODÍSTICA DE OCHO

Fuad Char Abdala tiene la puntualidad de un inglés y aquella vez no fue la excepción. Una tarde de marzo de 2019, llegó antes que nadie a la cita de último minuto con los congresistas de su clan. Desde que los había ayudado a elegir, en 2018, no eran frecuentes los encuentros con los once al mismo tiempo. Así es que en la bancada personal del cacique y empresario, la más grande bancada de legisladores de un grupo político regional de Colombia, sabían que se trataba de un asunto crucial.

El lugar del cónclave fue la llamada «Casona», una mansión de techos altos y baldosa ajedrezada del barrio El Prado —esa joya arquitectónica de la ciudad de Barranquilla, declarada Monumento Nacional por sus casas de estilos de otros mundos construidas por migrantes— que el dirigente y sus hijos usan para atender reuniones políticas y sociales importantes.

Hasta allá llegaron, en una suerte de besamanos, varios de los políticos adscritos a la casa Char, a hablar con el jefe al que sin excepción los subalternos se refieren como Don. Don Fuad, que los esperó sentado en su consabida poltrona de cuero marrón, tomando café y ofreciendo maní.

Efectivamente, el motivo de la convocatoria no era menor. Con siete meses en la Casa de Nariño, la Presidencia del uribista Iván Duque estaba en su amanecer y el charismo debía definir su posición frente a iniciativas gubernamentales clave que hacían curso en el Congreso, un paso que marcaría el derrotero del camino a seguir el resto del cuatrienio.

Los legisladores del clan se dividían entre los que creían que había que votar con el Gobierno para conseguir participación burocrática, y quienes proponían frenar la agenda legislativa para presionar por lo mismo.

Germán Vargas Lleras, el exvicepresidente y socio de la élite bogotana con el que el Don comparte timón en el partido Cambio Radical, ya había dicho en otros escenarios internos que quería que hundieran el Plan Nacional de Desarrollo de Duque. Después de una fracasada candidatura a la Presidencia y tras tomar vacaciones en Asia, aún apaleado, pretendía arañar juego en el ajedrez del poder mostrando dientes de oposición. Pero el patriarca Char tenía sus propios planes. Luego del descalabro de la campaña vargasllerista, su maquinaria había entrado por la puerta grande al proyecto electoral del nuevo presidente, y en sus propósitos no estaba convertirse en opositor.

Así lo dejó claro en la reunión privada con sus alfiles, en la que no estuvo Vargas.

Intervino de último, como suele hacerlo desde que arrancó su carrera en lo electoral, a principios de los noventa, en mítines en los que prefería escuchar a los asistentes antes de hacer cualquier pronunciamiento.

Al levantarse de la poltrona marrón, mostró la estatura y corpulencia generosas que parecen ratificar su dignidad de superior, y con el hablar sin prisas de sus ochenta y dos años, hizo la declaración de principios que era, al tiempo, una orden para el resto:

—Germán no entiende que yo soy empresario, y que un empresario no puede estar en contra del Gobierno. Yo no puedo hacer oposición ni cinco minutos, tengo muchos intereses en este país. El único gobierno contra el que me iría sería uno de Petro.

❧

Fuad Char se fue contra Gustavo Petro. En cabeza de su hijo Alejandro Char, en 2022 intentó armar una candidatura para disputarle la Presidencia al que, a la postre, resultó elegido como el primer mandatario de izquierda en Colombia.

Fracasaron en medio de la transición de un país que entró en ruptura parcial con las viejas formas de hacer política, y tras la exposición mediática y judicial en la que cayeron por el escándalo de Aída Merlano.

El caso de la primera congresista colombiana condenada por compra de votos, que acusa a los Char de ser unos delincuentes, es una impresionante historia de corrupción, traiciones y amores, que dejó al descubierto las costuras del grupo.

Aun así, la aspiración presidencial de Alejandro ratificó la condición de superpoder regional que tiene este clan, capaz de apostar alto porque siente que cuenta con la suficiente fuerza electoral y músculo económico como para poner un presidente propio.

Con casi cuatro décadas de camino en lo público, la casa Char logró desafiar la desigualdad política que hay entre las élites de Bogotá y las de la periferia,[3] haciendo aterrizar al poder central en el patio de su casa en Barranquilla; y concretó un dominio casi omnímodo en su región. Lo hizo con una particular mezcla entre gestión pública eficaz y desarrollo y una alta ausencia de escrúpulos y de sentido democrático.

Durante sus gobiernos locales se sanearon las finanzas de una ciudad que estaba en quiebra y se han hecho obras civiles trascendentales. A la par de eso, se estableció un sofisticado y eficiente entramado de la contratación, que creó condiciones para que pueda moverse plata de cualquier origen y en el que los contratos públicos más millonarios quedaron en manos de amigos suyos. Los Char delegaron la consecución de apoyos electorales a estructuras más pequeñas, lideradas en ocasiones por personajes e instituciones cuestionadas, en una suerte

---

3   Consiste en que unas élites del poder nacional en Bogotá toleran y se asocian con fuerzas regionales, muchas veces cuestionadas, para servirse de sus votos y ganar elecciones. Luego, cuando el cuestionado regional cae en desgracia ante la ley o ya no es útil electoralmente, esos poderosos del centro toman conveniente distancia y desconocen a sus otrora aliados.

de *outsourcing* que dificulta seguir el rastro a sus prácticas. Y varias de sus fichas se han elegido comprando votos y usando los entes públicos para hacer proselitismo y para aceitar las clientelas.

Además, se han movido para tener influencia en las instancias en que podrían quedar expuestos: dispusieron de una amplia chequera para medios de comunicación, ubicaron aliados en organismos de control, sometieron al Concejo de Barranquilla.[4]

Con ellos, la dinámica de la política tradicional pasó del viejo clientelismo de barrio —en el que se vota por algún servicio o favor o por plata— a empresas electorales más avanzadas, que le apuntan a garantizar el amarre de los votos a toda costa y se sostienen básicamente con billete.

Con su exitoso pie en lo privado —los hermanos Char Abdala y sus hijos están en el *top* de las familias más ricas de Colombia[5]—, el grupo consolida su gran capacidad de penetración en la vida de la gente. La máquina política no puede entenderse sin las pasiones que desata el Junior, el equipo de fútbol de la mascota de tiburón y los amores del Caribe. Pero, también, la marca Char se consume con cada ida a las tiendas o droguerías de la cadena Olímpica que, con los mismos colores del Junior, tiene presencia en ciento dieciocho municipios y veintiún departamentos. De alguna manera, a los Char los oímos en cada emisión de la Organización Radial Olímpica, que cuenta con las emisoras de entretenimiento con más audiencia en el país.

¿Quién no se acuerda acaso de alguno de los gritos de batalla de Miguel Mike Char Abdala, hermano de Fuad Char Abdala y reconocida voz de ese sistema radial, sonando en la discoteca, en la fiesta del barrio o en el picó de la esquina?

---

4 Todos estos asuntos los desarrollará este libro con ejemplos detallados.
5 Hermanos Char Abdala e hijos en Millonarios en Colombia 2020, Revista *Forbes* Colombia, abril 2020.

Olímpica se metióoooo
Aquíiiiii suenaaaa
Párale bolas, que se está acabando el año, gózate lo que quedaaa...

❧

Llegué a esta historia en 2015, el año en que me fui de Bogotá a vivir a Barranquilla para dirigir *La Silla Caribe,* el proyecto periodístico con el que *La Silla Vacía* comenzó a descentralizar su cubrimiento a las movidas del poder. La idea era contar historias no obvias en los ocho departamentos de la región, pero de manera natural con el equipo de *La Caribe* nos enfocamos con especialidad en el clan que más mandaba.

Cubrir el poder supone de por sí un gran reto (y casi siempre un gran riesgo), debido a que los poderosos permanentemente buscan controlar el mensaje que se da de ellos. En el caso de los poderosos de Barranquilla, me sorprendió la intolerancia de algunos personajes al escrutinio y, más allá, el desagrado que este ejercicio de periodismo independiente generó entre áulicos y hasta barranquilleros del común.

Uno de los mayores éxitos del clan tiburón y sus aliados ha sido establecer la narrativa del «milagro barranquillero» y del progreso, que es cierta pero con matices, y suele ocurrir que cualquiera que señale al rey desnudo se vuelve incómodo y objeto de animadversión.

Así, cualquier día era el clásico intento de control, como en el almuerzo en el que la relacionista pública de los mayores contratistas del charismo me dijo que ellos podían financiarme («nadie se va a enterar», prometió la mujer, mientras me ponía la mano sobre una pierna).

Y, en otras ocasiones, era la molestia. La de Alejandro Char, cuando una fuente me lo pasó por teléfono —la única vez que ha aceptado hablarme— y terminó reclamándome por estar «obsesionada» con su familia y cerró la llamada sin despedirse. O la del señor desconocido que me abordó luego de un conversatorio, en una universidad, para preguntarme por qué quería «hacer quedar mal a Barranquilla».

Para ese momento, yo ya estaba obsesionada, es cierto, pero con contar un poder con tantos alcances y tan poco escudriñado hasta entonces en los medios nacionales. Contarlo en toda su complejidad, quiero decir, sin condescendencias frente a sus sombras, pero también siendo capaz de ver sus luces. Mirarlo con carácter, como recomienda la escritora argentina Leila Guerriero. Contarlo para entender. Cada día me movía más la certeza de que, mientras los periodistas políticos a veces nos concentramos solo en las declaraciones que ofrecen los poderosos en Bogotá, en las regiones se están dando movidas extraoficiales que definen tanto o más lo que pasa en el país.

Este libro es el resultado de esa obsesión periodística. Tiene su origen en la reportería de todas las horas desde *La Silla Caribe*, y encuentra solidez y su carácter inédito en dos años de investigación adicional y escritura sobre la senda de Fuad Char Abdala y los dos hijos suyos que se dedicaron a la política: el exalcalde Alejandro Char Chaljub y el exsenador Arturo Char Chaljub.

Va del arribo hace noventa y ocho años desde Siria de Rizkala Char Zehlaoui, la semilla familiar, cuyo rastro seguí en el municipio sinuano de Lorica. Y llega hasta el terremoto de Aída Merlano, el escándalo que evidencia que el país macondiano que contó Gabo a veces está más cerca de la ribera de lo real que de la fantasía. Incluye el relato de lo que ocurrió durante los años en los que el paramilitarismo logró permear la Alcaldía y apoderarse de parte de la contratación pública de Barranquilla, en un periodo de sangre y fuego que es el antecedente de la hegemonía.

Esta es la historia de un imperio que nació con una promesa de cambio, que tuvo un auge, que entró en jaque, y que evidencia cómo funciona el poder en Colombia.

UNO

LA RAÍZ: DEL SUELO ÁRABE AL VIEJO BOLÍVAR GRANDE

¡Ah, la vasta errancia!
A cuántos hizo hombres,
a cuántos, recuerdo.

'Monólogo de Eduardo Char (1964)'

JORGE GARCÍA USTA
El reino errante. Poemas de la migración y el mundo árabes.

En la década de los ochenta, a Fuad Char se le perdió Lorica. Había ido a inaugurar una tienda Olímpica en Montería y pidió que lo llevaran a ver su pueblo natal, pero este no aparecía. Estaba extraviado en los casi treinta años de desarrollo reflejado en vías pavimentadas, que no existían cuando su familia dejó la población más importante de la subregión cordobesa del Bajo Sinú, y que para él constituían un *mundito* recién construido en el que a su carro se le dificultaba hallar el camino correcto. Cuando después de un rato el entonces vigoroso empresario, en sus cuarenta, pudo dar con la plaza principal cerca de la cual vivió la adolescencia, se encontró con sus amigos entrañables de infancia. El regreso a su casa en Barranquilla, programado para enseguida, se extendió bastante más de lo pensado. Duraron tomando trago y departiendo dos días seguidos.

Era la época en la que Don Fuad se negaba a llevar sus exitosos almacenes a tierra loriquera. La Olímpica ya tenía presencia en Bogotá y varias capitales de la región y, siendo Lorica la segunda ciudad del departamento de Córdoba y además raíz del dueño del negocio, había cierta expectativa de que tuviera representación. «Yo no puedo ir a Lorica porque me cago a la gente», decía él en su círculo íntimo. Y con gente se refería en concreto a sus paisanos, los inmigrantes o descendientes de inmigrantes de lengua árabe, que a fines del siglo XIX comenzaron el éxodo a cuentagotas desde Oriente Medio hacia Colombia, que sumó unos cuatro mil años de historia a la combinación de etnias, colores y sabores que formaron la identidad Caribe. Una suerte de espectacular revolución con vientos de cambio culturales de todo tipo, y trascendentales repercusiones económicas y políticas, que permitieron a un pueblo errante establecer su segunda patria a punta de trabajo obstinado, principalmente con el comercio.

Así es que el patriarca Char consideraba, no sin razón, que poner su ya gigante Olímpica de competencia les podía afectar las ventas a algunos. Con el agravante de que el municipio cordobés no solo tiene la particularidad de haber sido la cuna en la que nació, sino que fue el techo bajo el cual encontró amparo el primer inmigrante de la colonia sirio-libanesa: Moisés Antonio Hatem Dagher.[6] Llegó en 1880, un siglo antes de que a Fuad Char se le perdiera momentáneamente Lorica.

Para cuando arrancó la inmigración, los territorios de Siria, Líbano, Palestina, y otros, se encontraban bajo el dominio del Imperio turco otomano. Padecían, además de represión política y persecución religiosa, los históricos conflictos internos entre sus propias comunidades, que sumaban más muerte y penurias a la existencia. En 1860, nada más en Damasco, fueron masacrados ocho mil cristianos. El mundo estaba hecho de miedo, incertidumbre y escasez.

En 1901, en un hogar del sector cristiano de Damasco, conformado por un tallador de piedra y una ama de casa a la que le tocaba amamantar

---

6 Jattin Torralvo, Alexis, *Colonia siria y libanesa en Lorica y sus cercanías*, p. 32.

al bebé de un hacendado para obtener un poco de trigo,[7] nació Rizkala Char Zehlaoui. El papá de Fuad Char Abdala, el abuelo de Alejandro y Arturo Char Chaljub, la semilla del clan político que casi ciento veinte años después llegaría a soñar con poner presidente en una entonces remota e inexplorada república tropical de nombre Colombia. Rizkala significa «fortuna de Dios».

Sobrados de carencias, los padres de Rizkala, llamados Miriam y Mikhail, tuvieron que dejarlo trabajar desde que tenía catorce años, justo cuando empezaba la Primera Guerra Mundial. La situación para su tierra empeoraba con la nueva circunstancia de conflicto, que localmente se materializó en la alianza de los otomanos con Alemania y el Imperio austrohúngaro, un pacto que generó una rebelión árabe contra el yugo turco. Mikhail fue reclutado a la fuerza y enviado al frente a pelear por los alemanes y los turco otomanos para frenar el avance de los Aliados. Rizkala aprendió el arte de la orfebrería, mientras la región quedaba devastada.

La migración sirio-libanesa ya iba entonces en una primera etapa entre finales del siglo XIX y la Gran Guerra. Con maletas que cargaban más ilusiones que ropa y el pasaporte turco que les ha valido el mote —a veces peyorativo y siempre errado— de «turcos», viajaban jóvenes solteros y sin muchos estudios ni recursos económicos. El objetivo de casi todos era llegar a América. Sin importar el país. Aunque, había destinos más esperanzadores por las oportunidades auguradas: Estados Unidos, Argentina, Brasil, México.

Colombia era un destino de segunda,[8] al que varios llegaron por azar o engañados por los dueños de los barcos. Sin embargo, por aquellos tiempos, a la casa familiar empezaron a llegar noticias de la tierra colombiana. Una prima de los Char, de nombre Zakie, había logrado llegar

7   Char, Henry, *Pregunte por lo que no vea. Memorias de Henry Char*, p. 25.

8   Viloria de la Hoz, Joaquín, *Presencia árabe en el Caribe colombiano: Lorica, un estudio de caso*, presentación del Banco de la República.

hasta Ciénaga de Oro, hoy departamento de Córdoba, y por esa vía se enteraron de los buenos vientos que comenzaban a soplar para familias paisanas como los Dumar y los Rumié.

A donde la prima Zakie justamente fue a parar Nicolás, hermano de Rizkala, el primer Char Zehlaoui que pisó suelo patrio, en 1924. Él se embarcó en el puerto de Beirut junto a su primo Elías Saer y cuatro jóvenes sirios más[9]. Entró por Puerto Colombia, Atlántico, que era el puerto más importante del país y la principal ruta de la inmigración. Un año después, arribó Rizkala. Se establecieron en Lorica.

Santa Cruz de Lorica, que es el nombre completo, y sus cercanías tenían sentido como destino para los inmigrantes porque, en parte por su proximidad al mar Caribe, se convirtió en el principal puerto y despensa agrícola sobre el río Sinú. Desde la colonia, después de Cartagena, era la segunda ciudad del viejo Bolívar Grande, en lo que hoy son los departamentos de Bolívar, Sucre y Córdoba.

Por eso, tras desembarcar en Cartagena o Puerto Colombia muchos peregrinaban hasta la bahía Cispatá, en la región sinuana. Algunos se quedaban en Lorica, y otros se iban a los terrenos de pueblos como Sahagún, Chinú, Cereté, Ayapel, Cotorra y San Bernardo del Viento. Como el arroz que varios llegaron a vender, se esparcieron los apellidos Abdala, Aruachán, Barguil, Chaljub, Manzur, Usta, Nassar, Elías, Bessaile, Raad, Farah, Chagui, Dáger, Blel, Morad.

Todos ellos, y los Char, ayudaron a construir el Caribe árabe. La región que sabe al *kibbeh* frito que hizo el viaje trasatlántico en la memoria del paladar de las matronas sirio-libanesas, y hoy se mezcla en las bandejas con arepas de huevo en los festivales del frito de Cartagena. La tierra que huele al anís estrellado y demás especias del mercado público loriquero, el municipio en el que, a principios del siglo XX, se oían más conversaciones en árabe que en español.

9   García Usta, Jorge, *Árabes en Macondo. Ensayos y poemas*, p. 51.

El Caribe árabe que se lee en los poemas del fallecido poeta, nacido en Ciénaga y nieto de sirios, Jorge García Usta. Que se ve en la mezquita de Omar Ibn Al-Jattab, la más grande del país, que desde 1997 se levanta imponente como legado de otro mundo en Maicao. Y que se baila en 'Ojos así' de Shakira, que en 2018 llevó a sus dos hijos a conocer Tannurin, el pueblo natal de su abuela paterna, en el Líbano.

Gabriel García Márquez retrató el espíritu resistente e incansable de los pioneros. En *Cien años de soledad* los puso a existir en Macondo. Los árabes son los primeros forasteros en llegar a la aldea aún remota, de pantuflas y argollas en las orejas, cambiando chucherías por guacamayas. Fueron ellos los que fundaron el primer hotel allí. Y establecieron la Calle de los Turcos, en la que los inmigrantes mostraron su capacidad de aguante y perseverancia después del diluvio que dejó en ruinas al pueblo.

Rizkala Char Zehlaoui tenía el linaje y tesón de los árabes de Macondo. En Lorica empezó a llamarse Ricardo. En la inmigración, muchos nombres y apellidos fueron modificados para adaptarlos al español. El Char quedó igual. En realidad, había cambiado desde Damasco, pues el apellido original era Abuljer, que traduce «bondadoso». Empezó a transformarse cuando, en las primeras décadas del siglo XIX, el tatarabuelo de Ricardo se ganó la malquerencia de sus vecinas mujeres con cuyos maridos él se quejaba cuando no las veía usando velo. En respuesta, algunas le variaron el Abuljer por Abulchar, que significa «buscapleitos». De ahí, Abulchar se fue reduciendo hasta Char. Una de las formas en las que se puede pronunciar en árabe la palabra «Char» traduce «malo».

Cuando Rizkala se convirtió en Ricardo, le apostó a seguir con la orfebrería para ganarse la vida en la nueva patria. Primero intentó echar a andar una joyería que no despegó y luego se asoció con su hermano Nicolás, que con un año de ventaja en la llegada tenía bien fundamentada una cacharrería que ya le había dado para enviar el equivalente a dos monedas de oro a sus padres en Damasco.

Char hermanos, así se bautizó la sociedad mercantil de Ricardo y Nicolás, que funcionaba a una cuadra del mercado público, al lado de un edificio de locales llamado La Isla, en donde latía y aún hoy late el corazón comercial de Lorica.

Vendían telas y también compraban oro quebrado para hacer joyas, anillos, collares, que después comerciaban por los poblados de aquel viejo Bolívar Grande, y más adelante con la Casa de la Moneda en Medellín. «¡Compro oro quebradooo, compro oro quebradooo!», es el grito que quedó en la memoria de algunas calles del Caribe, como recuerdo de ese negocio ambulante que muchos más practicaron.

En su camino febril por hallar fundamento, los pioneros de la inmigración hicieron todo un viraje en las formas del comercio, que se destacó en el pueblo al que el cuentista David Sánchez Juliao bautizó apropiadamente: Lorica saudita.

Los árabes implantaron, por ejemplo, la venta casa a casa y el fiado. Si alguien quería algo, pero no podía moverse o no tenía para comprar, ellos facilitaban la cosa, cómo no, llevando el producto en cuestión hasta su puerta o permitiéndole pagar en cómodas cuotas, al final de las cuales podía llevarse a casa su deseo, «todo es posible, señor, señora». También, el menudeo. Con ellos, ya no había que comprar la lata completa de manteca, el bulto de arroz o el fajo entero de tela, sino lo que se necesitara. Vendían de todo: jabones, perfumes, vajillas, cuadernos, vinos, encajes, medias, bastones, sombreros, navajas, peinillas, cepillos, instrumentos musicales, tabaco, enlatados, medicinas, telas finas, telas corrientes, agujas, hilos, botones, relojes, cadenas, anillos. La Isla, al lado del Sinú y bajo el sol del Caribe, no distaba mucho de un bazar marroquí. Y eran ahorradores. Los padres aconsejaban a los hijos al iniciarse en el comercio: «Si te ganas uno, gástate uno; y cuando ganes dos, sigue gastándote uno».

En los tiempos de Ricardo Char, los árabes más exitosos de todos eran los hermanos Antonio y Jorge Chaljub. Ellos habían llegado a Lorica con más recursos en la maleta que el resto, debido a que su familia emigró inicialmente a Nueva York, en donde ambos estudiaron y Antonio pudo trabajar en los famosos almacenes Macy's. Arribaron al Sinú pisando fuerte, ofreciendo en sus tiendas artículos importados de Estados Unidos y Europa, que promocionaban con anuncios en los medios locales de la época.

Por decisión de su madre Anselma, los Chaljub se casaron con Warde y Julieta Char Zehlaoui, dos hermanas de Ricardo que viajaron a Colombia expresamente para atender la propuesta de la suegra, que las conocía porque había sido vecina de la familia Char en Damasco, antes de migrar a Nueva York. Los hermanos Chaljub compraron tierras y se convirtieron también en grandes ganaderos, con más recursos que los Char. Tenían una reconocida hacienda llamada Chambad, de más de tres mil quinientas hectáreas. A mediados del siglo XX, Antonio y Warde —de esta última su nombre adaptado era Rosa— se trasladaron a Cartagena y luego a Barranquilla, y con los años adquirieron recordación local, entre otras, como la familia dueña de las joyerías Moderna y Nancy. El matrimonio de Jorge y Julieta, por su parte, se mudó a Barranquilla.

La unión de las familias Chaljub y Char empezó a poner luces de porvenir sobre la que sería la sede del imperio Char, y también evidencia una de las características más predominantes de la raza y de ese grupo en lo político y en lo económico: la endogamia.

Los árabes tienen un dicho que dice: «Yo y mi hermano contra mi primo; yo y mi primo contra el extraño».[10] Ese talante que le da lugar central a la familia se puede ver en el hecho de que casi todos los enlaces matrimoniales de los pioneros y los de la primera generación nacida en Colombia se dieron entre paisanos, y a veces entre mismos parientes que mandaban a traer.

Para algunos, casarse con colombiano criollo no era adecuado. Por preferencia, seguro, y además por la xenofobia que padecieron al principio. Así, Fuad Char se casó con su prima hermana Adela Chaljub, hija de sus tíos Antonio Chaljub y Rosa Char.

---

10 Char, Henry, *Pregunte por lo que no vea. Memorias de Henry Char*, p. 179.

Pero antes del matrimonio de Fuad, y de que incluso Fuad naciera, estaba la soltería de Ricardo. El hombre alto (el más alto de sus once hermanos), con su cabello y bigote negros; nariz grande, cejas abultadas y ese aire exótico traído del desierto sirio, florecía cada día más en lo económico y social y se había convertido en un soltero apetecido de Lorica.

Además del almacén, estaba dedicado a comprar bienes inmuebles para arriendo. También, impulsó la llegada del cine al pueblo, al fundar el teatro Granada, al que intentaba conseguirle clientes regalando boletas a los niños con la condición de que los padres pagaran su entrada. Pero nada que se casaba. Un asunto que, por la época, llamaba la atención y era motivo de comentarios del conservadurismo.

Durante once años, en los que tuvo algunos romances e incluso engendró con una campesina del pueblo de Purísima una hija llamada Manuela Julia Char Díaz, Ricardo permaneció lejos del altar. Así, hasta que llegó procedente de Barrancabermeja «Doña Herlinda», como le dijeron siempre a la matrona alegre, elegante y llena de joyas que se casó con él. La relación estuvo mediada, claro, por la amistad entre sus parientes. El padre de la novia era Simón Abdala, paisano de los Char.

Entre 1937 y 1952, Doña Herlinda parió siete hijos loriqueros con pinta de «turquitos», que se criaron sin mayores contratiempos entre la casa y el almacén. Algunos estudiaron primaria en el colegio San Pedro Claver, del profesor Simón López Rebolledo, que funcionaba en una vivienda de madera de dos pisos.

Fuad, Habib, Farid, Simón, María Inmaculada, Ricardito y Miguel o Mike. En ese orden de nacimiento. Fuad era callado, muy callado, como lo siguió siendo siempre, incluso en su vida política, en la que se abstiene de hablar en público siempre que puede. De niño, a veces se abstraía tanto de lo que sucedía a su alrededor que, ensimismado, se le despegaban los labios en un gesto que le heredó a su papá. Una de las primeras veces que salió una imagen suya en televisión, siendo ya un empresario reconocido con residencia en Barranquilla, la matrona Josefina Jattin, amiga de Doña Herlinda, exclamó al verlo desde su mecedora en Lorica: «Ve, si se queda con la boca abierta, ¡ese muchacho es igualito a Ricardo Char!».

De su infancia, en Lorica queda también el recuerdo de las andanzas con César Saleme y Arturo Manzur, los amigos con los que Fuad salía a la calle a jugar. El nieto de César, Fabio Amín Saleme, fue elegido senador de la República por el Partido Liberal en 2022 y es uno de los loriqueros que más contacto guarda hoy con el patriarca Char.

Fue justamente la muerte de un primo de César, el gran amigo del joven Fuad, uno de los asuntos que marcó la salida definitiva de los Char Abdala de Lorica hacia Barranquilla.

El hombre rondaba los veinte años, se llamaba Eduardo Saleme y estaba en el salón de juegos del Club Unión, que fundaron los inmigrantes y funcionaba justo encima del almacén de los Char, en un edificio con aire de palacio. Los árabes crearon clubes importantes en muchas ciudades, consolidaron esos espacios como lugar de encuentro, luego de sufrir el estigma de la aristocracia local, que durante un tiempo les prohibió la entrada a su club.[11]

En el lugar se encontraba también Gabriel Char, hermano menor de Ricardo, que, siguiendo el rastro familiar, había llegado al país después de sus hermanas Rosa y Julieta. Comenzaba la década del cincuenta. De repente, en medio de un juego de billar se armó una pelea. Eduardo se quitó el cinturón que llevaba puesto y a la vista de todo el mundo levantó a juete a Gabriel, que era contemporáneo con él y cuyo nombre árabe era Gebrán.

Humillado, Gabriel abandonó el sitio haciendo una advertencia a gritos frente a la cual nadie respondió nada, bien sea porque no quisieron o porque quizás no creyeron que sucedería: «¡Ya vengo, espérame que te voy a matar!». Al rato, Gabriel Char regresó con un arma con la que, efectivamente, mató a Eduardo Saleme. El pueblo se convulsionó.

---

11 García Usta, Jorge, *Árabes en Macondo. Ensayos y poemas*, p. 54.

Pocos loriqueros quedan ya que recuerden los detalles, pero los pocos que lo hacen coinciden. «Fue como en *Crónica de una muerte anunciada*», me dijo en su casa en Lorica Jorge Manzur Jattin, medio hermano de Arturo Manzur, el otro amigo de infancia de Fuad Char. «Me contaron la historia de muchacho, sé que pasó y no generó ninguna enemistad entre las familias», agregó por su lado el senador Amín Saleme.

Cuando a la espantada vista de todo el mundo Eduardo Saleme murió a tiros, Ricardo Char era el único hermano que quedaba residiendo en el pueblo. Los otros, con sus respectivos grupos familiares primarios, se habían ido marchando graneados en busca de una expansión que ya no les ofrecía Lorica.

El dolor por el drama de Gabriel lo que hizo entonces fue sumar más razones para irse, aunque Ricardo no se quería ir. Él era feliz allí, en la sencillez de la vida rural, con el almacén a dos cuadras de la casa y un cuarto lleno de libros, en el que se encerraba a disfrutar de su gusto por la poesía.

La hermana Rosa Char, desde Barranquilla, le insistía que pensara en las oportunidades de estudio y desarrollo que podría brindarles a los hijos una ciudad más adelantada. Fuad ya se había tenido que ir a Cartagena a terminar en el colegio de La Esperanza la educación secundaria que aún no brindaban las instituciones locales.

Fue la época en la que muchas familias de inmigrantes abandonaron aquel primer techo que significó la tierra loriquera, motivadas en buena parte en que, con la construcción de vías y la sedimentación del Sinú, el puerto había ido perdiendo su importancia y consecuentes oportunidades de comercio. Además, se registraron al menos dos incendios que casi consumen totalmente el municipio.

En 1952, cuando fue fundado el departamento de Córdoba, hubo expectativa de que Lorica pudiera ser escogida como su capital o de que quedara bajo la jurisdicción de Bolívar, ya que tenía más afinidad con Cartagena. Pero ninguna de las dos cosas se dio y, así, se terminó de ralentizar el ritmo frenético de los tiempos de los pioneros. La familia

Char Abdala cerró sus negocios, empacó maletas y salió de Lorica saudita para no volver. Ocurrió casi treinta años después de la llegada del «turco» llamado Rizkala. Cincuenta y tres años después, en 2004, durante un viaje de políticos y personalidades a Oriente Medio por invitación del consulado sirio en Barranquilla, el entonces senador Fuad Char le dijo a Jorge Manzur, mientras departían en Beirut: «Increíble que una tragedia nos haya cambiado la vida y nos haya hecho irnos a Barranquilla, en donde nos volvimos lo que somos».

Para cuando los Char llegaron, la llamada Arenosa (por sus calles sin pavimentar repletas de arena y polvo) venía de arrancar el siglo como la cosmopolita y pujante cuna de la aviación comercial del continente. Con subidas y bajadas, tenía en marcha el proyecto de su terminal fluvial y marítimo, pero había perdido ya la condición de puerto principal del país frente a Buenaventura.

En consecuencia, Barranquilla comenzaba a padecer un estancamiento económico y un freno en el crecimiento demográfico, que la hizo pasar de tercera a cuarta ciudad de Colombia. A ese declive se sumó la tenaza centralista, con su poco apoyo a inversiones que pudieron haber dinamizado la economía, y una clase dirigente clientelista emergente, que no supo proponer ninguna iniciativa pública que pusiera mejores luces al porvenir.

Ricardo sembró la semilla de la Olímpica apenas llegó. Lo hizo luego de fracasar con una empresa de taxis que bautizó Flota Córdoba y que duró pocos meses debido a que sus costos eran muy altos. El origen del almacén base del emporio económico está relacionado, de nuevo, con los hermanos Chaljub, que aquí volvieron a ser determinantes para el futuro de los Char.

Para ser exactos, fueron las esposas de ellos: Rosa y Julieta Char de Chaljub, quienes con su influjo de matronas se movieron para que se dieran las cosas. Jorge Chaljub había comprado una cacharrería y droguería de nombre Olímpico que quedaba en la insigne calle de las Vacas, hoy calle 30, por donde pasó el primer tranvía de la ciudad. Pero, como él y su familia estaban económicamente asegurados, decidió venderlo para aspirar a una cotidianidad más tranquila. Inicialmente se lo ofreció a otro de sus cuñados: Henry Char, que tuvo un negocio parecido en Cartagena. Sin embargo, Rosa y Julieta intervinieron para que quedara en manos de Ricardo, quien intentaba allanar su camino en Barranquilla con esposa y siete hijos a cuestas.

El almacén duró poco en cabeza de Ricardo. Casi enseguida, a la semilla de los Char lo atropelló un carro en un accidente por el que quedó con una fractura de fémur y temporalmente inmovilizado. El percance obligó a Fuad, el hijo mayor que se había ido a estudiar a la Escuela Naval de Cadetes en Cartagena, a asumir su destino ancestral de comerciante. Doña Herlinda le entregó con naturalidad las llaves del negocio a su hijo el mismo día: «Levántese temprano y abra usted», le dijo. Fuad Char tenía dieciocho años.

No era una montaña fácil de subir. No solo por la edad, por no contar con la presencia experimentada del progenitor y por estar empezando en una ciudad aún desconocida. Además, la droguería estaba en riesgo de quiebra por las pocas ventas. En cada decisión suya podía estar el futuro familiar. Fuad se la jugó con una estrategia similar a la que ayudó a sus paisanos mayores a levantarse en los años de los inicios en Lorica: comenzó a vender más por menos.

—¿Tiene Alka-Seltzer?
—Sí, claro.
—¿A cómo?
—A cinco.
—Ah, pero aquí al lado me lo venden a cuatro.
—Listo, yo te lo vendo a tres.

Así le han oído contar allegados al hoy Don Fuad sobre cómo era una conversación suya con un cliente cualquiera, cuando le preguntan por aquellos días de reto mayúsculo.

«Papá tenía dos ganchos: uno de facturas pagadas y otro de facturas por pagar. Si en el de facturas pagadas me encontraba que el Alka-Seltzer salía a dos, aceptaba reducir la ganancia al mínimo». Dice que así pudo cumplirles a los acreedores e ir fidelizando una clientela. «Todo en la vida nos ha ocurrido como por accidente», le han escuchado cercanos suyos expresar también, en clara referencia al accidente del padre y quizás al cambio definido tras el crimen de Eduardo Saleme, «yo lo que he hecho es saber sacar provecho».[12]

Una década larga después, en 1968, incluyeron víveres al negocio, continuaron con la estrategia de precios bajos y abrieron la primera supertienda. La competencia nacional eran Almacenes Ley y Almacenes Tía. Poco a poco, al barco se fueron sumando para remar los hermanos Farid, Habib y luego Simón. Ellos tres, junto a Ricardo —quien una vez recuperado se dedicó a comprar y arrendar inmuebles, parecido a como hacía en Lorica—, a Fuad y a la única hermana mujer, María Inmaculada, constituyeron en 1963 la sociedad Char Hermanos Limitada. Alrededor de esa compañía se fueron desarrollando desde entonces otros negocios en un proceso de integración vertical para reducir gastos y multiplicar utilidades.

Así, por ejemplo, en su camino empresarial los Char crearon una productora de carne, pollo, huevos y cerdo para surtir a las Olímpica. Una fábrica de empaques para hacer las bolsas del mercado. Otra productora de arroz y legumbres, con distintas marcas que ellos mismos comercializan. Una panificadora para hacer alimentos de panadería

---

12 En 2017, en una charla durante el encuentro de empresarios Caribe Biz Forum que hace la Cámara de Comercio de Barranquilla, Fuad Char contó que el eje central de su política en la guerra de precios y la competencia con las multinacionales era tener mucha economía en el gasto: «Tener unos porcentajes de gasto sobre venta muy bajos, cinco o seis puntos por debajo de ellos».

que se consumen en las cafeterías de sus tiendas. Un banco[13] que comenzó en 1989 como una compañía de financiamiento, tiene entre su oferta una Tarjeta Olímpica con descuentos y una línea de crédito especial para proveedores de Olímpica, y años más tarde sirvió para hacer millonarios préstamos a aliados políticos.[14]

Por aparte, algunos de los hermanos establecieron sociedades distintas con su respectivo grupo familiar primario: esposa o hijos. Fuad Char se asoció en 1997 con sus tres hijos: Antonio, Arturo y Alejandro, en una compañía llamada Char Abdala, en la cual quedó estipulado que el patriarca será el socio administrador hasta que fallezca.

Aunque fue luego, entre 2010 y 2017, que el emporio verdaderamente se unificó, cuando la compañía Char Abdala quedó transformada en las sociedades Bapacol y Holding del Caribe, que administran las principales empresas de los hermanos Farid, Habib, Simón y Fuad, y sus herederos. Incluyendo Olímpica.

Bapacol administra los activos inmobiliarios. Holding del Caribe, los activos accionarios. A 2020, ambas sociedades aparecen como propiedad de dos únicos socios, repartidos en las dos con igual porcentaje accionario: Antonio Char Chaljub, el hijo mayor de Don Fuad, con un mínimo 0,6 por ciento; y una empresa de nombre Glasbury Investments, creada en Panamá, como sociedad *offshore*, con el 99,4 por ciento.

Pero antes de que todo eso pasara, debió transcurrir medio siglo en el que a Fuad Ricardo Char Abdala no le alcanzó el tiempo para terminar la universidad. Intentó dos años (en 1957 y 1958) con Química y Farmacia en la Universidad del Atlántico. Y otros dos (1959 y 1960) con Derecho en la Universidad Libre. Siempre le pudo más el peso de

13 Acondesa, Empaques transparentes, Granos y Cereales de Colombia, Panificadora del Litoral y Serfinanza son los nombres de estas empresas.

14 Así pasó con el empresario Julio Gerlein, como detallaré más adelante.

las llaves que su mamá le había entregado para abrir el almacén, el día en que un carro atropelló al papá.

En esos cincuenta años de trabajo, en los que también entró a la política junto a dos de sus hijos, también terminó de sellar su distancia frente a Lorica. Su simiente.

En 1984, después de la inauguración de la primera Olímpica en Montería, cuando se le extravió la ruta, Fuad Char volvió por primera vez a su pueblo de manera, digamos, formal. Su amigo Jorge Manzur Jattin, que entonces era el alcalde, lo invitó especialmente a una ceremonia en homenaje a loriqueros destacados que se realizaría en el Club Lorica. Entre los celebrados estarían David Sánchez Juliao, Habib Char y el propio Fuad, quien justamente acababa de empezar a combinar su carrera de empresario con la de político, al ser designado ese año gobernador del Atlántico por el presidente Belisario Betancur.

«No me vayas a hacer hablar en público porque no sé», le advirtió Fuad antes del evento al mandatario local Manzur, quien aprovechó la visita para decirle al gobernador empresario que hiciera gala del espíritu dadivoso que también caracteriza a los sirio-libaneses y considerara hacer alguna donación al municipio a nombre de la familia Char. «Regálame cinco millones para un parque», pidió Manzur. El dirigente Francisco José Jattin Safar, que estaba en la reunión, le propuso que mejor un centro de salud. El homenajeado se mostró interesado. Pero nunca concretó nada.

Concebidos así, en alguna obra palpable, no quedan, pues, muchos recuerdos del paso de los Char por Lorica, llamada también «ciudad antigua y señorial».

«¿Legado de los Char aquí? Será la Olímpica», me responde desprevenido en junio de 2021 un taxista que los identifica, cómo no, pero por el distintivo de la-familia-de-los-políticos-dueños-de-las-olímpicas-sí-claro-Fuad-Char, que no es nada particular, pues tal cual los reconocen en prácticamente todo el país. Y, ya se sabe, los taxistas suelen ser la primera memoria de un lugar.

Quienes compartieron con ellos por aquella época han ido muriendo. A muchos mayores se los llevó la pandemia del COVID-19. Queda la casa. La última en la que vivieron Ricardo Char, Herlinda Abdala y sus hijos. Sobre la carrera 19, en el Centro Histórico, que fue declarado Bien de Interés Cultural en 2000. Enfrente de lo que hoy es la Plaza de la Cruz. Una casa llamada Ana Gabriela Martínez de Martelo, de majestuosa fachada blanca y mostaza, con columnas, calados decorativos y amplia terraza, estilo mudéjar, que se mantiene como alusión local de los Char. «Ah sí, sí, ahí es donde vivían los Char», vuelve a soltar el mismo taxista ya más enfocado.

Por las calles de Lorica, el recuerdo público colectivo destaca más bien a otros hijos de esa tierra prolífica, como el gigante humanista e investigador afrocolombiano Manuel Zapata Olivella, cuyo rostro en fondo colorido engalana la plaza principal en una pintura de piso a techo en el costado de una vivienda.

La inmigración vive, pero en la arquitectura republicana, con formas árabes y coloniales, que se impone terca sobre el poblado medio caótico que se levantó más allá del centro, con su mala planeación urbana y su mototaxismo. Vive en el mural gigante que vigila el malecón del pueblo, en el que el artista descendiente de libaneses, Adriano Ríos Sossa, juntó en mil doscientas baldosas de cerámica horneadas a mano los referentes de la historia del lugar y, de alguna manera, del Caribe. Ahí están los indígenas, los esclavos, el barco de vapor Damasco de los hermanos Chagüi que hacía viajes entre Cartagena y el Sinú. El ungüento árabe para los dolores, los letreros de las piladoras y las fábricas de jabones, el aviso del almacén: «Por su bien compre donde Ricardo Char». La inmigración sigue viva en las nostalgias.

Como las que un día de 1992 se le alborotaron a Herlinda Abdala, quien, después de muchos años, pidió volver de visita a Lorica. Fuad Char se comunicó con la Gobernación cordobesa para que le facilitaran un carro con escoltas. Su madre llegaría en un avión privado, dijo. También, arregló con amigos locales para que le tuvieran un almuerzo en la casa en la que habían vivido.

Pocos meses después de ese paseo, Doña Herlinda falleció en Barranquilla de un infarto. Tenía setenta y nueve años. El año anterior, por la misma causa y en la misma ciudad, había muerto Ricardo, su esposo, a los noventa y dos.

El final del tronco de la estirpe.

En Lorica no hay noticias de que Fuad Char haya regresado de visita, más allá del encuentro improvisado de dos días con sus amigos y el reconocimiento como loriquero destacado, ambos en los ochenta.

En 2008, los Char inauguraron la Olímpica del municipio, cuando el Don no temía ya fregar a sus paisanos, pues entonces el comercio había dejado de ser del dominio de ellos.

Me contó Fabio Amín Saleme, el nieto de su amigo de adolescencia César Saleme, que el patriarca le dice que, aunque sí quisiera ir («Mijo, yo quiero volver, si Dios me lo permite»), le duele regresar porque sabe que no encontrará a ningún amigo vivo. A varios los convocó de manera especial la vez que abrió el primer almacén. Como a su mamá, la nostalgia por ese mundo, que lo sitúa a años luz de la vida de magnate y político poderoso que construyó después, también se le alborota de vez en cuando, cosa que no pasa con ninguno de sus tres hijos.

En abril de 2019, el entonces presidente Iván Duque visitó Barranquilla para asistir a la inauguración de la sede de la Universidad Sergio Arboleda en esa ciudad. El viaje incluyó un almuerzo en el que también estaba Fuad Char. Estando allí, el primer mandatario tuvo una conversación telefónica informal con el loriquero Jorge Manzur Jattin, quien dice ser amigo suyo.

Relata Manzur que Duque le comentó riendo: «Jorge, por fin encontré a alguien que habla de Lorica más que tú: ¡Fuad Char no ha parado!».

DOS

LA ENTRADA EN POLÍTICA: TRAICIÓN A LOS VIEJOS CACIQUES JUNTO AL M-19

Con el decolorante aún fresco sobre el bigote incipiente, las cejas y el cabello, que apenas horas antes lucían su negro natural y ahora eran de un amarillo quemado; y las gafas de marco grande con las que completaba su intento de disfraz, el comandante guerrillero llegó a la sede de la Gobernación del Atlántico, en el centro de Barranquilla, a cumplir su cita con el gobernador. Se veía tan impostado que, cuando se cruzó con los periodistas locales que estaban allí atentos a esa visita, uno de ellos exclamó: «Viejo, qué, ¿se adelantó el Carnaval?».

El mandatario también se dio cuenta de la farsa del aspecto. Cuando vio al visitante en la antesala de su despacho, le lanzó un «hola» con familiaridad. Pero no porque lo identificara con esa pinta, sino al contrario: se le parecía tanto al hombre con pelos oscuros original que él ya conocía, que sencillamente lo saludó de manera espontánea. Al menos, eso pareció. El visitante, sin embargo, continuó el teatro con toda seriedad:

—Señor gobernador, yo soy Federico Pinillos del M-19.

El gobernador, que en ese momento sostenía la manija de la puerta de la oficina para entrar, vaciló unos segundos, inclinó el cuerpo levemente hacia atrás, se metió y cerró. A los pocos minutos, una funcionaria de protocolo dijo en voz alta en el recibidor: «Señor Federico Pinillos, siga usted adelante».

Y entonces Héctor Pineda Salazar —Tico Pineda, como muchos le llaman— entró a hablar con Fuad Char, quien tenía bien de dónde distinguir la verdadera identidad de su visitante. Ya fuera porque Tico escribía columnas en el *Diario del Caribe*; ya fuera porque el papá de Tico era un arrocero que proveía granos de su producción a las tiendas

Olímpica; o ya fuera porque, para ese momento, Tico no ocupaba cualquier cargo en la ciudad: era nada menos que el jefe de servicios generales de la Cervecería Águila, una de las empresas más grandes y representativas entre los barranquilleros. Y Char, recién estrenando silla en un cargo público, iba a cumplir treinta años conociendo el mundo empresarial local.

Eso sí, ninguno se atrevió a decir que el rey iba desnudo. Ni el gobernador que habló con él, ni los periodistas que esperaban afuera. Solo la mamá de Pineda, al día siguiente cuando vio su foto en la prensa, le reclamó, «pedazo de pelao de mierda, tú en qué andas, acaso quieres matarme de un susto, claro que me di cuenta enseguida que ese eras tú».

El comandante Federico Pinillos fue un invento que nació la noche antes de la misión que días atrás le había encomendado a Tico Pineda el líder guerrillero Alfonso Jacquin, integrante del comando guerrillero que un año después se tomó el Palacio de Justicia en Bogotá. Viejo amigo de barrio de Jacquin, y de buena parte de la dirigencia del M-19 de Barranquilla, Pineda no pertenecía aún formalmente a la guerrilla. Tras semejante exposición, terminó renunciando a la cervecería y, más tarde, adentrándose en el monte, en donde acompañó al máximo comandante Carlos Pizarro hasta la desmovilización del grupo en 1990.

La misión de Pinillos, obvio, era reunirse con Fuad Char. La guerrilla había pedido cita al gobernador en una carta enviada con un concejal llamado Iván Romero, a quien el grupo ilegal retuvo cuando este se dirigía a su oficina. Char les respondió diciendo públicamente en medios que invitaba al M-19 a su despacho. Puntualmente, querían proponerle arrancar con su Administración unos diálogos regionales por la paz, antes de concretar cualquier acuerdo con el Gobierno Nacional de Belisario Betancur. Para que la paz entrara por Barranquilla, como mucho de lo bueno que ha entrado por allá a Colombia, según los términos en los que lo planteó Jacquin a Pineda, en un encuentro clandestino en Cali.

Char se mostró abierto a la propuesta enseguida. Antes que por convencimiento personal, que algo había, porque le tocaba. No cumplía aún ni tres meses en su primer puesto público, pero justamente había llegado a gobernar el Atlántico con la instrucción presidencial perentoria de mantener acercamientos con los representantes de los grupos subversivos, que era la bandera de Betancur.

Recibió esa orden desde el momento mismo en que fue designado mandatario. Era 1984 y faltaban todavía siete años para la primera elección popular de gobernadores, que en esa época eran escogidos por el presidente tras negociaciones burocráticas con los respectivos dirigentes locales con asiento en el Congreso, que se dividía —como se dividía todo el país político— entre liberales y conservadores.

Todo el tiempo que el Gobierno Nacional mantuvo su ensayo de paz con la guerrilla, la Gobernación de Char fue, en general, facilitadora de la actividad política local del Eme: le dio permisos para manifestaciones, tiquetes para ir a reuniones, tarimas para dar discursos. Algunos en el M-19 consideraban al gobernador un «aliado excepcional», como me contó Tico Pineda.

Esa impresión encontraría aún más argumentos algunos años después, en 1992, cuando el exmandatario arrancaba el camino como senador con su movimiento liberal Voluntad Popular y, ya sin armas, esa guerrilla hacía la transición al partido político Alianza Democrática M-19 (AD M-19).

Los exdirigentes guerrilleros habían decidido hacer una consulta para escoger candidato a la Alcaldía de Barranquilla, pero no contaban con plata para ello. Char les dio de su bolsillo los doce millones de pesos que costó el andamiaje de tarjetones, urnas y demás logística que exigía aquella elección de aspirante de la izquierda.[15]

El patriarca charista, que de izquierdista no tiene un pelo, lo hizo porque había decidido aliarse con la AD M-19 para esas elecciones regionales. La empresa era ir con ellos por la Alcaldía, pero también

---

15   Brieva Mariano, Horacio, *Retrato de una generación*, p. 161.

por la Gobernación. Con ellos y en contra de toda la clase política que hasta entonces había mandado en la ciudad. Como el buen jugador que desde el principio demostró ser, el Don hizo sus cuentas. Desde su Gobernación en 1984 había podido observar de cerca la popularidad con la que contaba el grupo guerrillero de operativos espectaculares y un líder nacional, Carlos Pizarro, al que se referían en medios como «Comandante papito» por su guapura. En el noventa, constató esa aceptación a nivel local con el triunfo que, por encima del resto de candidatos presidenciales, obtuvo en Barranquilla Antonio Navarro, quien llegó a la contienda tras el asesinato de Pizarro.

Creyente entusiasta en las encuestas internas, que por tres décadas ha usado para tomar sus decisiones de política electoral, a Char lo terminó de convencer un sondeo que mandó a hacer para medir las probabilidades del candidato que salió de la consulta que financió: Bernardo Hoyos. El carismático Cura Hoyos, un sacerdote salesiano, nacido en Belén de Umbría (Risaralda), que llevaba a cabo labores comunitarias en la llamada «zona negra» de Barranquilla inspirado en la Teología de la Liberación.

Después de vivir varios años en Brasil, el Cura había llegado a la ciudad en 1984 a liderar la instalación de la Universidad Nacional Abierta y a Distancia en el Caribe, que nació fruto de un convenio con los religiosos salesianos. Impactado por la miseria y desolación que encontró en aquel sector de ranchos de madera y aguas de alcantarilla, que hoy constituyen el tradicional barrio Rebolo, decidió quedarse a vivir allí para hacer trabajo social y de infraestructura y llevar así algo de dignidad a lo que él mismo definió como «una laguna llena de mierda».

En ese camino, el sacerdote tuvo su primer cara a cara con Char inmediatamente. El mismo año 1984, el religioso organizó una protesta de los ciudadanos vulnerados de aquellos extramuros —vendedores ambulantes, trabajadoras sexuales, desplazados por la violencia y la pobreza— en contra del gobernador Fuad, por la falta de agua y alcantarillado. La marcha salió de la «zona negra» en el suroriente hasta la sede de la Gobernación. Y así el Cura comenzó a hacerse sentir en Barranquilla.

Hoyos impresionó, no solo por su intención de enfrentar un drama al que los dirigentes barranquilleros le habían dado la espalda, sino también por sus formas. Por el desenfado de sus palabras soeces y provocación constante, inusuales en un sacerdote y desafiantes en una ciudad republicana, librepensante, de Carnaval y transgresora, pero de cierta manera goda de corazón, como ha sido el país en general.

«Si no quieren seguir viviendo en la mierda, tienen que mover el culo», les decía a los habitantes del sector el personaje de cabeza casi calva y barba, ataviado entonces, ya no con sotana, sino con las botas pantaneras y el machete con los que trabajaba hombro a hombro con la comunidad. La misma comunidad que se sentaba con él a tomar cerveza y lo veía como su redentor.

Con la corroboración de esas simpatías por el Cura, Char no dudó en desmontar al aspirante que Voluntad Popular había anunciado como su carta a la Alcaldía y selló la alianza con Hoyos y con la exguerrilla ese año.

En otro botón para la muestra del pragmatismo del jefe charista, el aspirante cuya candidatura desarmó era su amigo y compañero de parrandas vallenatas, el exconcejal Eugenio Díaz. Él ya se encontraba haciendo campaña en las calles y sufrió un desencanto tal que, de manera inusual, se dejó crecer la barba y el cabello, por lo que algunos llegaron a pensar que había caído en depresión. En las elecciones legislativas siguientes, Char compensó a Díaz por el mal rato incluyéndolo como su segundo renglón para el Senado sin pedirle que aportara un peso, un gesto que evidencia que también tiene al día su departamento de lealtades. Aunque otra cosa pensaban entonces sobre la lealtad de Fuad Char los caciques del Atlántico. En aquellos comicios locales, esa clase dirigente de siempre terminó derrotada por el Cura a la Alcaldía y por Gustavo Bell Lemus a la Gobernación, las cartas con las que los recién aparecidos en política AD M-19 y Char ganaron los dos cargos más importantes del departamento.

La particularidad es que varios de esos políticos tradicionales eran los que habían ayudado a Char a entrar a un cargo público, el año en que Belisario Betancur lo nombró gobernador, y se sentían traicionados por él.

Resulta que —en un reflejo de ese lastre heredado del Frente Nacional para eliminar a la oposición— el Gobierno del conservador Betancur debía entregar esa cuota a los liberales.

El liberal más poderoso del Atlántico era entonces el cacique José Name Terán, de familia de ascendencia árabe asentada originalmente en Sincelejo. Símbolo clásico del viejo clientelismo de las componendas, los favores y el uso del Estado en beneficio propio, Name cumplía casi tres décadas mandando, con fichas en puestos públicos e influencia en la gran contratación, y ese mismo año 84 alcanzó la dignidad de presidente del Congreso.

El viejo Name, como le decían, tenía la capacidad de disponer hasta en la movida de un lápiz en Barranquilla, y fue quien efectivamente propuso el nombre de Fuad Char en Palacio para ser gobernador.

Los Name y los Char se conocían desde que habían sido vecinos en el barrio El Prado, recién llegados los primeros de Sincelejo y los otros de Lorica. Tenían buenas relaciones. Tanto que el dueño de la Olímpica había hecho aportes de plata a varias de las campañas del cacique Name.

Char, de hecho, estaba en ese momento en conversaciones para ser candidato del namismo en las elecciones a Congreso del 86. El viejo Name le había ofrecido, puntualmente, ser el aspirante principal a la Cámara de Representantes de su movimiento, llamado Misol (Movimiento de Integración Social Liberal), otro de tantos grupos que conformaban la colcha de retazos, cada uno con patrón propio, que era entonces el Partido Liberal. Quizá por el rumor de esa posible primera aspiración al Congreso, el nombre de Fuad Char era el que menos sonaba en la lista de aspirantes que José Name entregó en presidencia para escoger mandatario en el Atlántico.

Los astros estaban alineados, sin embargo, a favor de que hubiera una gobernación charista. Aparte de la recomendación del congresista liberal, a Char le ayudó la buena imagen que tenía como dueño del Junior desde los setenta, especialmente frente al ministro de Gobierno Jaime Castro Castro, quien había sido presidente de la División Mayor del Fútbol Colombiano, Dimayor.

Por último, también sirvió el visto bueno que le dieron los otros grandes jefes liberales del Atlántico: Emilio Lébolo, Pedro Martín Leyes y Juan Slebi, que así se convirtieron junto a Name en administradores de la cuota con la que el presidente buscaba asegurar gobernabilidad en el legislativo.

Todos esos caciques veían a Fuad Char como un político en ciernes, lo suficientemente nuevo y autónomo como para no ser del bolsillo de ninguno en particular y repartir equitativamente la torta de los puestos departamentales. Porque eso era lo más importante de la movida para esos grupos: tener representación con puestos. Y que se supiera.

A diferencia de lo que sucedió después de la Constitución del 91, cuando surgieron propuestas alternativas e independientes del liberalismo y el conservatismo, y ser clientelista alcanzó consenso como práctica al menos indeseable, controlar entes públicos era sinónimo de poderío, de capacidad para conseguir votos. Añadía brillo a la dignidad que significaba hacer política. Los funcionarios tenían por apellido el del movimiento que los había respaldado. Y las negociaciones burocráticas eran por lo general abiertas y casi siempre dramáticas.

A eso precisamente se debió que la primera gran noticia de aquella Administración Char fuera la inconformidad entre los liberales locales por las cuotas, luego de que el recién llegado gobernador conformara su gabinete departamental conservando para él casi todo el juego burocrático.

Los congresistas rojos exigían una «justa representación» al nuevo mandatario. Después de todo, decían, ellos lo habían puesto y a ellos se debía. Algunos, como Juan Slebi, llegaron al punto de hacer cuentas públicas en declaraciones a la prensa: «La nómina departamental contempla aproximadamente dos mil cargos, de los cuales yo tengo cuarenta y cinco puestos y el senador José Name Terán afirma tener tan solo setenta cargos. Si esto es realidad, entonces ¿quién tiene el resto de la burocracia?».

El reclamo más duro lo hizo Name, pero en privado. Y, en realidad, se pareció más a una pelea física que a una discusión verbal. O mejor: tuvo un poco de ambas. Y, para ser exactos, no lo hizo propiamente el senador Name, sino quien fuera por décadas su principal escudero y socio en la administración de sus activos políticos: su hermano, el contratista David Name Terán. Y fue tan significativo que, a partir de ese día, las casas Name y Char quedaron distanciadas irremediablemente, entre acusaciones de traición, alianzas temporales y malquerencias heredadas; algo que cambió el rumbo del poder en la ciudad.

Por primera vez en su camino en lo público, además, quedó en evidencia el talante de Fuad Char.

Ocurrió en el despacho del recién llegado gobernador, a donde se acercó David Name a exigir la representación para su grupo:

—Es que tú estás ahí gracias a nosotros, ¡y no nos has dado ni un hijueputa tinto!

El mandatario, que había estado sentado, se puso de pie, se quitó los lentes de aumento y reaccionó, también en voz alta:

—Tú me respetas y te me vas. Yo no estoy aquí por ser Name, ¡yo estoy aquí porque soy Fuad Char!

En su libro de memorias,[16] David Name, que me habló para este libro pero murió poco antes de que saliera, presentó una versión matizada de la escena: dijo que la visita que hizo fue para preguntarle a Char cuándo iba a salir un nombramiento, así en singular: el nombramiento de rector de la Universidad del Atlántico, con el que su hermano José «quería

16   El libro de memorias de David Name Terán se llama *La memoria del último*.

distinguir al doctor Miguel Bolívar Acuña, por quien siempre sintió un gran cariño».

Más allá, la rabia que cogió el contratista por la respuesta del mandatario fue tal que se le generó un trombo en el ojo izquierdo, que, para su fortuna, y quizás para la de Char también, no pasó a mayores.

Entonces ya se había empezado a oír en voz alta la indignación ciudadana contra los caciques por la debacle en la que estaba la ciudad. Barranquilla padecía una insostenible crisis sanitaria y social por cuenta de los malos manejos en las Empresas Públicas Municipales, cuyos gerentes eran puestos por los grupos políticos. Los medios y los gremios comenzaban a responsabilizarlos directamente y a pedir un cambio. El sur crecía sin instalación de redes, en medio de ríos de excrementos y carente de agua limpia permanente para beber. Mientras, la entidad mal funcionaba con una nómina inflada de trabajadores, que servía de caja de votos para ciertos poderosos.

Algunos de los empleados ni siquiera trabajaban de verdad, sino que eran dueños de corbatas, esos contratos públicos por los que se recibe sueldo sin hacer nada, que en política se usaban, y aún se usan, para pagar favores. A principios de los noventa, se contaban tres mil quinientas personas en una empresa que en realidad requería apenas unas mil.

El resultado de semejante situación fue, como no podía ser de otra manera, la inoperancia y el desgreño de un ente sin contabilidad ni plan efectivo de gestión, que terminó en que de las llaves en los baños y cocinas de las casas saliera un líquido, no transparente, sino café: mezcla de barro con mierda.

Los más pudientes instalaban albercas en sus casas para procurar abastecerse y pasar de largo a través del caos. Pero hasta para ellos tomar agua de la pluma era una fantasía digna de una novela de la televisión. La ciudad era considerada por no pocos la cloaca de Colombia.

El peor momento ocurrió un día de ese año 84 que se registró una falta de cloro en la planta de las Empresas Públicas y, aun así, se bombeó agua sin el mínimo tratamiento, cruda y altamente contaminada.

Lo que siguió fue una epidemia de gastroenteritis que afectó especialmente a los menores y casi hace desbordar los servicios de salud, ya precarios, con un hospital público principal —el Hospital General de Barranquilla— de paredes sucias, basura regada en el patio y camas compartidas. Solo en el primer año que siguió, dieciocho niños murieron por esa enfermedad.

A la desgracia de la muerte de niños, se sumó la sed que unos cuatrocientos mil barranquilleros empezaron a soportar, luego de que, para intentar controlar el desastre, los operadores de las Empresas Públicas decidieran cerrar las piletas en las que cargaban agua los camiones que abastecían los barrios de los extramuros.

Camiones que, en el colmo de la ruindad, en algunos casos pertenecían a políticos que hacían negocio vendiendo agua a los pobres a los que ellos mismos habían dejado sedientos.

Incluso el ministro de Salud de la época, Jaime Arias, fue llamado a declarar por un juez de Barranquilla dentro de la investigación penal que se generó por múltiples denuncias. Por las calles, ciudadanos salieron a protestar cargando cajas pintadas como ataúdes y otros enfrentándose a piedra con la Policía. En los medios, editorialistas, entre los que estaba el director del *Diario del Caribe* Alfonso Fuenmayor, uno de los amigos del Grupo de Barranquilla inmortalizado en *Cien años de soledad*, pedían poner tope a la burocracia.

Desde su silla de gobernador designado, Char, quien también fue objeto de críticas ciudadanas que le exigían ayudar a solucionar la crisis, le apostó a mantener cierta autonomía y a lograr gestión en el Atlántico. Aquellos fueron los cimientos del movimiento político propio bajo la sombrilla del liberalismo, por el cual más tarde se presentó al Senado y les ganó el poder local a los viejos caciques.

Fue la época en la que Adela Chaljub de Char, su esposa, se volvió querida y popular en todo el departamento. No tanto Adela como Adelita, como familiarmente algunos la siguen llamando después de cumplir casi treinta años de fallecida. Acaso por su aspecto menudo, que casi indicaba debilidad y contrastaba con la robustez del marido, y la de los tres hijos altos que terminaba de criar: Antonio, Alejandro y Arturo, bautizados así en honor a Marco Antonio, a Alejandro Magno y al rey Arturo, respectivamente.

No es que fuera desconocida. A la joyería Moderna de la calle 72 con carrera 53, en donde atendía personalmente, llevaban años llegando empleados de las Olímpica, o de alguna de las otras empresas familiares; hinchas del Junior, cuyas barras organizaba y apoyaba ella; y hasta periodistas, a pedirle colaboraciones. Para que un conocido consiguiera trabajo. Para comprar camisetas del equipo. Para una medicina. Coinciden incluso malquerientes del grupo político Char en decir que con todos era generosa. Si se comprometía a algo, no quedaba mal. Hacía la llamada. Entregaba el dinero. Buscaba lápiz y papel, anotaba y decía: «Llégate con esto a la droguería Olímpica que queda en tal parte y reclama los tres potes de leche en polvo que necesita tu hijo». También era amable y expresiva, contrario al marido.

Adelita de Char vivía atendiendo gente. A la manera de los políticos. Solo que no era política. Y en los ochenta a su esposo aún le faltaba un tiempo para necesitar votos para su primera candidatura al Senado, que fue en 1990. Cuando ese día llegó, la inmensa simpatía que despertaba la señora encontró parte de su explicación en aquella antigua dadivosidad. Por eso no falta quien diga que, desde antes de que el clan político Char naciera, Fuad Char ya tenía asegurados unos voticos gracias a su esposa.

El cariño entre Adelita y gentes del Atlántico se selló a partir de la inundación. La que se generó en los pueblos del sur, tras el desbordamiento de las aguas del río Magdalena que pasan por el Canal del Dique, justo cuando su marido estaba de encargo en la Gobernación en el 84. En una tragedia cantada, que ha ocurrido en varios momentos de la historia, unas doscientas mil personas perdieron enseres, animales, cultivos. Uno de los registros repetidos en medio del drama es la imagen de aquella primera dama sobre una canoa repartiendo ayudas estatales mezcladas con mercados de la Olímpica.

Se le veía sencilla, sin guardar distancias con los niños cuando les entregaba los útiles escolares, ni con las señoras, cuando las consolaba por sus pérdidas. Le gustaba meterse a organizar ella misma a los brigadistas. En Repelón, Manatí, Santa Lucía, la esperaban con aplausos. A veces aparecía acompañada de su amiga Cecilia López Montaño, en ese momento viceministra de Agricultura. «La gente la adoraba, era una época en la que las mujeres de los políticos no salían del Country Club», recuerda Rafael Sarmiento Coley, editor político durante veintidós años en *El Heraldo,* el principal periódico de Barranquilla. «¡Don Fuan! ¡Don Fuan!», saludaban a Char algunos pobladores cuando llegaba.

Mientras eso pasaba, de puertas de la casa para adentro, el patriarca escogía a su hijo mayor, Antonio, como la mano derecha que desde entonces le ha ayudado con los negocios privados de la familia. En sus veinte, todavía terminando la carrera de Administración de Empresas en la Universidad del Norte y siempre bajo las instrucciones paternas, el mayor de los Char Chaljub asumió la presidencia del Junior, mientras el padre se dedicaba a ser funcionario. Más tarde, lo reemplazó también en las sociedades que el jefe Char constituyó, primero con sus hermanos desde el año 63 y luego con sus hijos, a partir del 97.

La primera reunión proselitista que tuvo Fuad Char, rumbo a su primer senado en el noventa, fue en casa de Anselma Ariza de Romero, una empleada de Acondesa, la planta de alimentos de los Char, que surte a las Olímpica. Fue en el populoso barrio Hipódromo de Soledad y la organizó Tarquino Pacheco.

Tarquino era un sencillo líder de las juventudes del Nuevo Liberalismo del barrio San Felipe que había llegado a trabajar al grupo económico Char como pupilo de Joaquín Díaz Granados Alzamora, algodonero de la casa política Díaz Granados del Magdalena, que por años fue uno de los hombres de mayor confianza de los hermanos Char Abdala. Díaz Granados, quien falleció en 2017, ocupó en el emporio cargos como presidente de junta, gerente y representante legal. Su hijo, Luis

Eduardo Lucho Díaz Granados Torres, se convirtió años más tarde en uno de los principales congresistas de la bancada de los Char.

Tarquino Pacheco tenía funciones propias de la empresa y también de la política. Por ejemplo, fue el encargado de organizar los votos de los empleados de los Char cuando, a mediados de los ochenta, la familia decidió respaldar en forma la campaña al Concejo del dirigente gremial y cabeza local del Nuevo Liberalismo, Arturo Sarabia Better. También, asumió como jefe de relaciones industriales en la empresa Indunal (que después se fusionó con Acondesa), en momentos en que Fuad Char era nombrado ministro de Desarrollo Económico del Gobierno de Virgilio Barco, cargo que asumió tras salir de la Gobernación y que lo graduó de personaje nacional.

Por esos años, Fuad y sus hermanos Habib y Farid hacían tertulias para echar cuentos y jugar dominó en el bar La Cueva, la vieja sede de artistas, tomadores de trago, escritores, periodistas y amigos, conocidos como el Grupo de Barranquilla, sin el cual el país no hubiese tenido Nobel de literatura, según el propio Gabriel García Márquez. Por disposición de Ricardo Char, la familia había comprado la casa —que en 2004 entregó en comodato para que una fundación recuperara el sitio como bar-restaurante—, en toda la esquina de la carrera 43 con calle 59, y esta funcionaba como su club privado. Los viernes se iban para allá en compañía de amigos y de algunos de sus empleados.

Lo hacían por lo general a manera de cierre de los partidos de sóftbol que el equipo de la Olímpica disputaba en la cancha que tenían en instalaciones propias, o en un campeonato que se jugaba en la Escuela Normal Superior. Habib era *catcher* y Fuad bateador jonronero.

En La Cueva hablaban de política, contaban historias, tomaban cerveza. Un día, seguramente mamando gallo, mostraron a sus contertulios la huella de disparo que permanece en un mural de Alejandro Obregón, y que ha sido atribuida a un amigo del pintor, y aseguraron que había sido resultado de un desorden de adolescencia de ellos con una pistola. Fue departiendo en una mesa ahí que, ya para concretar la candidatura a Congreso, Fuad Char pidió a su empleado Pacheco: «Tarquino, quiero ir a un barrio para empezar a tener contacto con la gente, llévame».

Por esa vía dual, entre lo corporativo y la cosa política, que representa bien el proyecto vital charista, Tarquino Pacheco se fue convirtiendo en el primer alfil del Don dentro de Voluntad Popular. De la reunión inicial en casa de la empleada Anselma, continuaron por los municipios del Atlántico convocando cuadros que casi siempre, en esos comienzos, respondían que ya estaban comprometidos con alguno de los ismos dominantes: el martinleyismo, el namismo, el gerleinismo.

Tarquino, Fuad y Adelita iban los domingos de pueblo en pueblo, en un Chevrolet Monza gris oscuro, a tratar de recoger los líderes políticos barriales que hubiesen dejado los otros grupos. Una vez, en Sabanalarga, como no había con quién armar el encuentro, a Tarquino le tocó llevar a su jefe a casa de un primo llamado Manuel Pacheco que vivía en ese municipio. Fueron las reuniones en las que Char papá comenzó a hacer evidente su condición de hombre público al que no le gusta mucho hablar en público. Que interviene por lo general solo al final, después de escuchar al resto, a diferencia del político clásico que se adueña de la palabra. Eso sí, el tema que no podía faltar, el que desde entonces estuvo y aún hoy se repite en sus mítines, es el Junior.

Antes de ser gobernador, además de aparecer ocasionalmente en las páginas sociales de los periódicos, prácticamente todas las menciones públicas a Char tenían que ver con el equipo al que Álvaro el Nene Cepeda Samudio definió como «la querida de Barranquilla». Los Char lo habían salvado de una crisis económica al comprarlo en los setenta y se dedicaron a él con el entusiasmo de los verdaderos aficionados que son. Uno de los planes favoritos de Fuad Char se volvió viajar a Argentina y a Brasil a comprar jugadores. Cuando incursionó en política electoral, supieron convertirlo en uno de los principales activos intangibles del grupo, en el más efectivo de sus jefes de campaña: una fuente de popularidad que les ha servido a los Char mediáticamente para aplacar los escándalos y cuestionamientos que rodearon al charismo después.

«¡El dueño del Junior!», saludaban algunos al candidato primíparo en aquellos recorridos con Adelita y Tarquino. En una ocasión, una señora se acercó a tocarlo para ver si era verdad que se trataba del dirigente deportivo.

La bandera de la campaña era acabar con el clientelismo y esos «viejos vicios de la politiquería que tanto daño le han causado a nuestra sociedad». Sin decir nombres, Char hacía referencia a la clase política que había dominado de treinta años hacia atrás. Y todo el mundo entendía, porque era más que obvio, que se refería a Name y al resto de caciques a los que su figura desafiaba, con la ventaja de no tener aún rabo de paja que se le quemara con esa candela del clientelismo.

Las credenciales de Voluntad Popular, prometía, serían del pueblo. Más allá de la estrategia electoral, Fuad Char comentaba en privado que genuinamente le indignaba la situación de los servicios públicos, entre otras, porque sabía que así se limitaba el desarrollo empresarial al que había dedicado su vida.

Ese 1990 que llegó al Senado, su triunfo fue reseñado como una victoria del voto de opinión. Condimentado por el hecho de haber sido el único de los cinco senadores elegidos por el Atlántico que apoyó en la consulta presidencial liberal a César Gaviria, dos meses después elegido presidente de Colombia. El lanzamiento de su candidatura y del movimiento Voluntad Popular había estado apadrinado por el expresidente Julio César Turbay Ayala, quien viajó a Barranquilla a acompañarlo a él y a toda la familia Char Abdala al evento en el hotel El Prado. Con ellos, Turbay compartía no solo la militancia roja, sino también la ascendencia árabe.

Al año siguiente, atentaron contra Antonio Char Chaljub. A las 8 y 10 de la mañana del primer viernes de octubre, mientras manejaba su Monza color azul por el *boulevard* de la calle 78 con carrera 55, cuatro hombres que simulaban jugar fútbol en el sitio lanzaron el balón para que el hombre, entonces de veintisiete años, tuviera que parar el carro. Le pegaron siete tiros. Dos de ellos lo alcanzaron. Uno en el hombro izquierdo y otro en el hombro derecho, heridas de las que se recuperó sin problema. La Policía dijo que se salvó gracias a la reacción del escolta, que, desde el asiento de atrás, respondió disparando también.

Fuad Char, quien luego de la Asamblea Constituyente que revocó al Congreso estaba de nuevo en campaña de reelección al Senado, contestó enseguida endilgando el ataque a represalias de los que se veían perdidos con su ascenso político. Apenas tres años antes, la aguerrida columnista Lola Salcedo, fallecida en 2021, había denunciado amenazas, justo cuando desde su tribuna en el *Diario del Caribe* hacía continuas, punzantes y detalladas críticas a la clase política clientelista dirigente, la misma a la que también ella atribuyó las agresiones en su contra.

En esas elecciones, arropadas bajo la nueva Constitución Política de Colombia, Voluntad Popular ganó todas sus apuestas, las principales: al Senado Fuad Char, a la Cámara su fórmula Arturo Sarabia Better y a la Gobernación Gustavo Bell Lemus, el primer gobernador elegido por voto popular en el Atlántico. Bell aterrizó en esa coalición por propuesta de Sarabia Better y del Nuevo Liberalismo, y fue ungido candidato en la Plaza de la Paz por Antonio Navarro, de la AD-M19, quien viajó a Barranquilla a ponerle el sombrero blanco de Carlos Pizarro.

Una parte de las bases del movimiento charista, que no simpatizaba con Arturo Sarabia, encabezada entre otros por Tarquino Pacheco, había constituido una suerte de disidencia que respaldó a Lucas Lébolo, yerno de Simón Char Abdala, a la Cámara de Representantes. También obtuvieron una curul en aquellas elecciones.

Meses después, Fuad Char redondeó su triunfo en las elecciones al ganar la Alcaldía con el Cura Hoyos, una gesta inusual para cualquier grupo político. Normalmente, a las estructuras tradicionales si las alianzas, la burocracia y la plata les alcanzan para la Alcaldía capital, no les alcanzan para obtener la Gobernación. La misma foto de superpoder se repetiría veintiocho años después, en las regionales de 2019, cuando, siendo el símbolo del clientelismo que tanto criticó al comienzo de su carrera política, el patriarca logró quedarse con los mismos cargos y concretar su abrumadora hegemonía.

Los aliados de los Char aquella vez, la AD M-19 y el Cura Hoyos, eran los jugadores más novedosos de los comicios. En una historia que es la historia repetida de la izquierda, desde antes de que se abrieran las urnas ya estaban reventados entre sí a nivel local. Pero su triunfo ratificaba la idea que había, no solo en la ciudad sino en todo el país, de que las cosas podían cambiar. Se creía que con la nueva Constitución era posible una nueva Colombia, descentralizada, participativa, con un Estado social de derecho efectivo. Y los resultados de Barranquilla parecían ir por ese camino.

Pronto se evidenció que lo que hicieron en realidad se asemejó más a otro capítulo de la política de siempre y que el estado de las cosas no iba a cambiar tanto.

Ante unas cinco mil personas en la Plaza de la Paz, en medio de la alegría de congos, tambores y cumbiambas, el Cura se posesionó como alcalde prometiendo «ante Dios» que los que venían manejando al municipio como una chaza no tendrían cabida en su gobierno. Agregó que pediría constituir una comisión independiente de personajes notables que velara porque efectivamente él cumpliera ese compromiso. Días antes, Hoyos había advertido la existencia de un sector de «los de la clase alta» al que le había llegado «la hora de convertirse», y había anunciado investigaciones contra funcionarios de la Alcaldía y concejales salientes, pues estos no eran dignos de su confianza.

La mañana en la que fue elegido, el Cura llegó a votar acompañado de Fuad Char, Adelita de Char y la dirigencia del Eme: Antonio Navarro, Angelino Garzón y Tico Pineda, el exguerrillero que se había decolorado el pelo en un remedo de disfraz para hablar con Char, por allá en 1984. Fue el mismo primer círculo que le levantó el brazo por la tarde, cuando se supo que le había ganado a Carlos Rodado Noriega, el candidato de los caciques. La ciudad cumplía semanas con los servicios de agua y luz intermitentes. En las calles, la gente gritaba: «¡Se acabó el serrucho!, ¡se acabó el serrucho!».

Era el culmen de una campaña que no fue fácil y tuvo mucho de revolucionaria y, al tiempo, de *realpolitik*.

Días antes de su elección, en una manifestación en el suroccidente, el Cura Hoyos les había dicho a sus seguidores: «Durante muchos años, los políticos de Barranquilla han abusado de la gente pobre y oprimida, se la han enterrado hasta el fondo, pero ahora está en manos de ustedes decidir si aceptan que se la continúen enterrando los mismos políticos bandidos que beben licores finos, consumen perico en cucharitas de plata y viven en lujosas mansiones en el norte».[17]

Desde la tarima de su estadero y comando en la «zona negra», llamado el Rincón Latino, desde entonces el Cura trataba a rivales y a críticos de «periqueros», «ratas», «hijueputas», «malparidos», «viagrosos», «caras de verga».

Aunque un grupo importante de empresarios locales lo respaldaba, aquella primera aspiración suya despertaba inquietudes y temores entre muchos otros. Tanto que, a instancias de los Char, días antes de la elección el candidato debió asistir a un coctel con mil quinientos industriales y comerciantes locales para asegurarles que su enemigo era la pobreza y no la riqueza, y que no tenía intención de gobernar generando odio de clases.

Al interior de la campaña, algunos se movieron para desmontarlo. Un sector de la antigua guerrilla que temía que, por no venir de la entraña del M-19, el Cura les incumpliera con la burocracia, propuso desconocer la consulta de precandidatos en la que Hoyos le había ganado a una veedora llamada Janeth Suárez. Incluso llegaron a sentarse con José Name para intentar una alianza que no prosperó.[18] Fuad Char, que le había

---

17 Brieva Mariano, Horacio, *Retrato de una generación*, p. 184.

18 Brieva Mariano, Horacio, *Retrato de una generación*, p. 134.

regalado a la izquierda los millones para hacer esa consulta, decía en su círculo privado que hubiese preferido a un aspirante más parecido a Gustavo Bell, el intelectual con el que acababa de ganar la Gobernación en asocio con el Nuevo Liberalismo y un sector conservador.

Pero la popularidad arrolladora del Cura, nacida entre gentes sufridas y hartas de ver repetirse en el poder las mismas caras responsables de su sufrimiento, pudo más y obligó a sus aliados a mantenerse en su bus. Esa fuerza electoral proveniente del suroriente barranquillero, le alcanzó al Movimiento Ciudadano para elegirlo esa vez, de la mano del Eme y de los Char, y para poner cuatro alcaldes más en los años siguientes.

Las cosas, sin embargo, no fueron exactamente como las prometió Hoyos en la festiva posesión de ese año 1992. Su primer Gobierno, efectivamente, extendió redes del acueducto a los barrios del sur y reivindicó sectores que jamás habían sido tenidos en cuenta, de la mano de un gabinete que ayudó a escoger su amigo y cercano asesor, el abogado Roberto Ferro Bayona. Pero para la historia también quedó la vuelta de tuerca que casi enseguida dio el Cura al aliarse con Name y con un grupo de concejales clientelistas, para garantizar una coalición en el Concejo, lo que devolvió poder a los mismos de siempre.

El entonces alcalde había tenido diferencias con su aliado Char porque el senador quería que el presidente de la corporación fuera su amigo Eugenio Díaz, mientras Hoyos insistía que esa dignidad fuera para Janeth Suárez. Por vía de ese choque, el Cura pactó conservar cuotas e influencia en la Alcaldía al namismo y a otros políticos tradicionales a cambio de que apoyaran a Suárez. La cuestionada vieja dirigencia, que había sido derrotada en elecciones, volvió a sonreír. A veces literalmente, sentados frente a Bernardo Hoyos, mientras le oían la prédica en el Rincón Latino.

Al M-19 la corta y atropellada vida política le alcanzó para jugar los años siguientes con el par de concejales que sacó ese periodo y con los puestos que le dio Gustavo Bell en la Gobernación. Ese mandatario le entregó al partido burocracia en la Beneficencia, en la Lotería y en las secretarías General y de Educación. Con el tiempo, los cuadros del Eme se desplazaron a las toldas del Cura y nunca jamás, hasta su desaparición definitiva en el año 2000, el movimiento exguerrillero volvió a tener algún tipo de trascendencia en la ciudad.

Tras la alianza de la Administración con Name, Char se arrepintió de respaldar al Cura poco después de haberle celebrado el triunfo. «La alianza del alcalde Hoyos con los concejales namistas es un imposible moral que yo no acepto y por eso prefiero tomar distancia del Gobierno del Cura», declaró. Así, fue de los primeros personajes de la ciudad que se atrevió a cuestionar en público al popular mandatario.

Hacia el final de ese mandato, los otrora aliados tuvieron una pelea más porque Char quería el manejo de la empresa de teléfonos y Hoyos sacó el palo en su difundida tribuna del Rincón Latino, refiriéndose al empresario por micrófonos como: «Capitalista expoliador» y «comerciante de dudosa fortuna, a quien los gringos le han cancelado la visa».[19]

Char presentó una tutela invocando su derecho al buen nombre. La noticia de la suspensión de su visa para viajar a los Estados Unidos era para entonces, no obstante, una mancha que se regaba incontenible.

EL CASO DE LA VISA DE FUAD CHAR

La noticia de que Fuad Char no tenía visa para entrar a Estados Unidos se conoció en abril de 1994. Fue dos meses antes de que el liberal Ernesto Samper Pizano ganara la Presidencia y, tras ello, estallara el escándalo de los dineros calientes en la campaña del primer mandatario, una de las mayores y más vergonzosas muestras que ha conocido el país de los nexos entre política y narcotráfico.

Fuad Char y Tarquino Pacheco, que en ese momento era representante a la Cámara, se encontraban justamente en un evento de campaña

---

19 Brieva Mariano, Horacio, *Retrato de una generación*, p. 222.

de Samper en el hotel Las Velas de Cartagena. Char creía que podía ser vicepresidente del país y se había estado moviendo entre algunos jefes regionales liberales para que lo respaldaran como fórmula de Samper. La palomita, como se sabe, terminó siendo para Humberto de la Calle. El Don se sentía en la cresta de la ola política y no era para menos. Además del doblete obtenido con el Cura y con Bell, Voluntad Popular acababa de alcanzar una de las mayores votaciones del Partido Liberal en las legislativas de ese año, con dos senadores y dos representantes electos.

En medio del evento en el hotel, Tarquino Pacheco sintió de repente que le jalaban el brazo. Cuando se volteó, vio a Fuad Char, con cara de acabar de perder la tranquilidad, decir: «Tarqui, me acaban de retirar la visa de Estados Unidos». En prensa indicaban que el Gobierno gringo podía tener denuncias en su contra por lavado de activos.

Lo que siguió después fue la bomba mediática que el senador Char intentó repeler explicando que jamás había sido notificado de ninguna denuncia o investigación, y que esperaba que sus abogados pudieran conseguir información al respecto con el Departamento de Estado para poder defenderse. Incluso mostró una certificación en la que constaba que no era parte de ningún proceso de ese tipo o de otro.[20]

A partir de ese momento, Caribe al fin y al cabo, la explicación a lo-de-la-visa-de-Fuad-Char se convirtió en uno de los cuentos políticos con más versiones de corrillo en Barranquilla. «Mira, la verdad es que él es muy discreto y nunca se refiere al tema, ni siquiera en privado, pero yo creo que tuvo que ver con unos patrocinios que recibió el Junior de la empresa de un turco que estaba lavando la plata». «Lo que yo he oído es que al parecer fue por una plata que Fuad le pidió prestada a un *man*, cuando la familia se vino para Barranquilla, pero él no sabía que el *man* tenía una lavandería, y al *man* después lo cogió la DEA». «No, eso fue

---

20 *El Tiempo*, «Fuad Char no sabe por qué le negaron la visa a E.U.», 22 de abril de 1994.

por unos cheques con los que la esposa de un narco hizo una compra en la joyería de doña Adelita». Frases, todas, de gente que los conoce bien, pero que no coinciden.

Ese mismo mes de abril del 94 en el que a Fuad Char le retiraron la visa estadounidense, la justicia de Estados Unidos acusó por narcotráfico al matrimonio de Sheila Arana de Nasser y Julio Nasser David alias el Turco, destacados miembros de la alta sociedad barranquillera. La acaudalada familia de origen árabe era conocida por tener propiedades representativas en la ciudad, como el edificio Miss Universo y el centro comercial Villa Country, y por las noches tropicales que Sheila Arana ofrecía en el emblemático Hotel El Prado, que adquirieron en 1986 por siete millones de dólares.

La justicia comprobó que Arana y Nasser les metieron a los gringos casi veinticinco mil kilos de cocaína y un millón cuatrocientos mil kilos de marihuana, entre 1976 y 1999. Su verdadera identidad era la de capos del llamado Cartel de la Costa, que operó como una organización independiente de los poderosos carteles de Medellín y Cali, de comienzos de los ochenta hasta fines de los noventa.

La mujer había sido detenida en Suiza en febrero del 94, y luego fue extraditada a Estados Unidos. Su marido, y en realidad ex, pues para la época se encontraban separados como esposos, estuvo fugitivo un tiempo, fue capturado en 1997 en Barranquilla y falleció ahí mismo en 2000.

Por la coincidencia de fecha de ambos escándalos, en su momento a Fuad Char le preguntaron públicamente si el retiro de su visa estaría relacionado con el caso Nasser. Él negó haber tenido vínculos comerciales con la señora y puntualmente afirmó: «El caso mío tiene algunos meses y a esta señora la detuvieron hace algunos días. No creo que sea por ahí. En todo caso necesito saber quién me acusa, de qué se me acusa y dónde se me acusa para poder demostrar que es mentira».[21]

---

21 *El Tiempo*, «Fuad Char no sabe por qué le negaron la visa a E.U.», 22 de abril de 1994.

Según las averiguaciones que hizo un investigador judicial de la Fiscalía sobre el narcotráfico aquellos años en la Costa, las sospechas sí iban por ahí. Existe un oficio del año 1996 en el que Álvaro Vivas Botero, en ese momento director seccional del Cuerpo Técnico de Investigación (CTI) de la Fiscalía en Barranquilla, detalla al director nacional del CTI información recogida según la cual los hermanos Habib, Farid y Simón Char Abdala se habrían vinculado al narcotráfico en los setenta, transportando la plata de los marimberos. Después, según la investigación, en los ochenta fabricaron y exportaron unas pastillas conocidas como Yumbo y en los noventa exportaron heroína.

El documento, revelado en 2022 por la alianza de medios *La Liga contra el Silencio*,[22] dice que la información recogida por el investigador señala que Fuad Char le brindaba respaldo político a esa estructura. Vivas Botero pidió a su homólogo nacional que evaluara y analizara el informe, que hace parte del expediente contra el narco Orlando Gamboa, alias el Caracol, exjefe del Cartel de la Costa. Sin embargo, sobre esos hechos nunca ha existido un proceso judicial formal abierto contra los Char.

En 2002, la revista estadounidense *Newsweek* afirmó que el Departamento de Estado de Estados Unidos había rescindido la visa del senador Fuad Char porque era sospechoso de lavar dinero. Lo hizo en la formulación de una de las preguntas de una entrevista que le hizo al entonces candidato presidencial Álvaro Uribe Vélez:

Newsweek: «Han surgido cuestionamientos sobre algunos de sus aliados políticos. El Departamento de Estado revocó la visa del senador Fuad Char porque era sospechoso de lavar dinero». Álvaro Uribe: «Fuad Char votó a favor de permitir la extradición de narcotraficantes pedidos por los Estados Unidos. Fuad Char es un hombre honorable en su vida pública y en su vida privada».

---

22 *La Liga contra el Silencio*, «Un expediente vinculó al clan Char con el narcotráfico», 28 de febrero de 2022.

La Embajada de Estados Unidos me respondió en 2021, año en que la consulté, que no se pronuncia sobre casos de visas individuales.

Dos meses después de que estallara aquel escándalo, en junio de 1994, murió Adela Chaljub de Char. Falleció por un cáncer linfático que la atacó rápidamente. Lo de la visa había sido la antesala al peor de los golpes. La madre de las pesadillas para la familia Char Chaljub: perder a Adelita. Además, perderla en Estados Unidos, a donde ella viajó a tratarse sin que su esposo pudiera acompañarla, justamente por el retiro de la visa.

Por esos días, Fuad Char le había pedido a su amigo Rafael Sarmiento Coley, periodista político, que llegara a su casa a desayunar todos los días, pues los hijos pasaban entre la clínica en Jacksonville (Florida) y Barranquilla y a veces se sentía solo. Según Sarmiento, el senador llegó a solicitar clemencia al Gobierno norteamericano para que lo dejaran viajar a ver a la esposa, sin conseguir levantar el veto impuesto.

La mañana de junio de 1994, los dos hombres se habían quedado en una sobremesa larga, e incluso se plantearon tomar un whiskey, como de vez en cuando hacían. De repente, sonó el teléfono. Char se levantó hacia una sala contigua para contestar. Era la llamada con la mala noticia. «¡Ay!», escuchó gritar Rafael Sarmiento. Y enseguida el llanto. El llanto de un hombre poderoso, que no es lo mismo. El periodista corrió a abrazarlo y al rato llamó a Juan B. Fernández Renowitzky, su entonces jefe en *El Heraldo* y gran amigo de Char, para contarle. «Quédate ahí», recuerda Sarmiento que le ordenó el director del periódico. Fernández se presentó en la vivienda poco antes de que lo empezaran a hacer los acongojados hermanos Char Abdala.

El sepelio, el sábado siguiente en Barranquilla, fue una romería a la que asistieron desde las barras del Junior hasta altos funcionarios del Gobierno Nacional. Todo el mundo comentando su historia personal de refrendación de la generosidad de Adelita: el que se benefició de un trabajo que ella le consiguió. La que recibió de regalo una medicina. Tarquino Pacheco, recordando la vez que la señora apareció sin avisar en la casa del empleado con una cuna para su hijo recién nacido.

A Fuad, Antonio, Alejandro y Arturo la pena les ha durado tanto que, casi tres décadas después, algunos cercanos a ellos dicen que aún se les quiebra la voz al recordarla. A lo largo de su larga historia en las sillas de los que toman las decisiones, los Char han procurado siempre encender velas a su memoria. El nombre de una clínica, el nombre de una sede deportiva del Junior, el nombre de un barrio, una estatua.

Fuad Char contrajo nuevamente matrimonio diecinueve meses después, en República Dominicana. Se casó con su amiga Marina Díaz, hermana del político de su movimiento, al que años atrás había desmontado a la Alcaldía, Eugenio Díaz. Entonces, estaba a punto de comenzar la era de su heredero Alejandro Char Chaljub en la política electoral.

El clan volvía a levantar cabeza después de aquel golpe al corazón. Pero en Barranquilla dicen que los tiburones Char jamás volvieron a ser los mismos.

TRES

EL ANTECEDENTE DEL IMPERIO: UN RASTRO DE PARAMILITARISMO Y NARCOTRÁFICO QUE NO SE CONOCE

Después fue el alcalde con más aprobación de Colombia, el político local exitoso con pinta de presidenciable, el imán de carisma, el tipo ganador, simpático y con plata que muchos barranquilleros sueñan ser. Pero cuando arrancó en la política, cuando se sentó por primera vez en la silla de un cargo por elección popular, Alejandro Char Chaljub era absolutamente intrascendente. Apocado, anodino, gris. No proponía nada, no defendía nada, no se oponía a nada. Casi ni asistía. Le decían «el mudo». Hubiese sido del todo invisible si no fuera porque era hijo de su papá.

Por esa razón y bajo esa impronta de hijo-de-papá fue que, precisamente, llegó al Concejo de Barranquilla en 1998. Haber sido el heredero escogido para lanzarse en su grupo no sorprendió a nadie debido a que su hermano mayor, Antonio, estaba dedicado a los negocios, mientras el menor, Arturo, solo daba muestras de estar interesado en la música. Aún no usaba la gorra raída por la que luego lo empezaron a identificar y era gordito. Algunos concejales se burlaban de él a sus espaldas porque se mostraba tímido y apenas si se le oía la voz para decir «positivo» o «negativo» en las votaciones. Aunque, varios de esos mismos concejales eran los que después le hacían la vida más cómoda yendo hasta su casa a pedirle la firma para fortalecer proyectos o proposiciones. A veces, Alejandro los recibía en bata en la puerta, firmaba lo que fuera y se metía de nuevo a seguir durmiendo.

La campaña para alcanzar eso tuvo también algo de pequeñez. Pese a contar con una amplia publicidad, que incluyó caravanas de carros por la ciudad y bastoneras del Junior, y cuando sus competidores esperaban que el hijo de Fuad Char arrasara en respaldos, obtuvo la credencial con once mil votos, seis mil menos que la lista cerrada que encabezaba Enrique Cumplido, que fue la más votada. Para diferenciarse de él, el veterano Alejandro Munárriz, que entonces iba a cumplir dos décadas como concejal, lo bautizó: «Alejandro, el pechichón», mientras se refería a sí mismo como «Alejandro, el bueno».

Munárriz no era considerado exactamente «bueno». Destituido e inhabilitado por la Procuraduría General años más tarde —en el 2007— tras haber sido encontrado responsable por ese ente de una defraudación a las arcas del Concejo cuando era miembro de su mesa directiva,[23] ya a fines de los noventa tenía bien ganada su imagen de símbolo del clientelismo.

Liberal de las canteras del dirigente Pedro Martín Leyes, Alejandro Munárriz fue parte de una generación de concejales de distintos movimientos y partidos, cuyo ideario principal era juntarse en coaliciones para negociar con fuerza el control político a cambio de puestos y prebendas con la administración de turno. Lo hacían con la justificación de que solo con burocracia es posible sostener una maquinaria y tenían la complejidad de que, en esa dinámica de las presiones, terminaban generando cierto debate alrededor de la gestión de los alcaldes.

Esos combos de concejales tuvieron varios nombres, sus integrantes variaban según cada periodo y no siempre actuaban alineados. Aparte de Munárriz, otros políticos recordados por aquella dinámica

---

23 Munárriz y los concejales Eduardo Pulgar y Ernesto Gómez Guarín fueron encontrados responsables disciplinariamente por haber autorizado millonarios pagos de sueldos y prestaciones sociales a personas que no estaban vinculadas con el Concejo. Aunque su fallo estaba en firme, en 2014 el procurador Alejandro Ordóñez lo revocó. Cuando eso sucedió, la entonces senadora Karime Mota, quien era esposa de Pulgar, acababa de votar favorablemente la reelección de Ordóñez.

son Orlando el Cachaco Rodríguez, Carlos Julio Manzano y Miguel Amín. Por esta época, cada uno manejaba entre cien y doscientos cargos del distrito[24] y les decían «Los angelitos». Los angelitos del Concejo de Barranquilla. «Por sus diabluras», como me relató uno de sus colegas.

No tenían jefe. Eran considerados algo así como el partido del Concejo. Una fuerza de dirigentes locales de variadas corrientes, que se atrevía a desafiar a los congresistas que estuvieran apadrinando al alcalde del momento. Como conocían tan bien el sistema, podían ser saboteadores. Sabían cómo hostigar si un gobierno no cedía. Decapitar funcionarios, con cuestionamientos públicos a su desempeño y a veces hasta denuncias de corrupción, era una de sus experticias. Además, siempre procuraban quedarse con la mesa directiva de la corporación y poner contralores y personeros de su cuerda, en una jugada estratégica para apretar aún más a los mandatarios. Algunos como Munárriz, a quien apodaban «boca sucia» por las vulgaridades que se la pasaba soltando en micrófonos, poseían gran habilidad para desenvolverse. Constituían, en resumen, un poder determinante en la ciudad.

La figura del inexperto Char lucía aplastada por sus colegas experimentados, con cuyas posturas solía plegarse, aunque en los tres años que aguantó antes de renunciar a la credencial nunca llegó a hacer parte de ningún grupo en particular.

Entonces, Bernardo el Cura Hoyos estaba comenzando su segunda Alcaldía. A diferencia de la primera campaña con la que rompió el molde junto a un independiente Fuad Char y a la AD M-19, esa vez había llegado con el apoyo abierto de los caciques José Name y Juan Slebi. Junto a ellos, derrotó a la llamada Gran Alianza, conformada entre otros por Char, Roberto Gerlein, Arturo Sarabia y Efraín Fincho Cepeda, que llevaron de candidato al médico Humberto Caiaffa.

24 Así me lo aseguró un «angelito», que prefirió no ser citado, para este libro.

Fue el tercero de los cuatro gobiernos que puso el Movimiento Ciudadano del Cura: el grupo de izquierda que dominó en la capital más importante del Caribe, llegó a tener asiento en el Congreso e incluso a sonar como posible jugador en una contienda presidencial, pero terminó protagonizando uno de los periodos más sombríos de la historia política de Barranquilla.

Fue una década exacta —del 98 al 2008—, que arranca justo con esa segunda llegada de Hoyos y termina con el triunfo a la Alcaldía del entonces impensable Alejandro Char. Diez años sin los cuales no es posible entender la hegemonía charista que se estableció sobre las cenizas del otrora arrollador proyecto alternativo, pero compartiendo con este fuerzas que nacieron con el Cura y se consolidaron con los Char.

La segunda Administración de Bernardo Hoyos tuvo como poder en las sombras al Yuyo Daes. José Manuel Daes Abuchaibe, un comerciante de familia pudiente, con pinta de galán, algo arrogante, que vivía yendo y viniendo de Miami. Tenía treinta y siete años en el 98.

Al igual que Name y Slebi, Daes también apoyó la segunda Alcaldía del Cura, pero no de frente. Aunque lo vieron en varias reuniones tirando línea, no estuvo en la foto oficial de la campaña. Fue un aporte en plata, una financiación, como me lo reconoció veintitrés años después el exalcalde sin precisar el monto.

Bernardo Hoyos me contó que había conocido al Yuyo en su primera campaña, la que ganó en el 92, durante un desayuno en casa del fallecido excongresista liberal Jaime Vargas, quien se lo presentó. El Cura dice que el comerciante le pareció hiperactivo y prepotente, y que en ese encuentro le comentó: «Vivo en Miami, pero quería conocerte, tú vas a ser alcalde de Barranquilla, la gente te quiere mucho». Tiempo después, Daes le mandó una plata que entró por tesorería al proyecto electoral y no se supo que haya jugado ningún papel en aquella Alcaldía.

La relación entre ellos creció y se volvió una amistad tan estrecha que, para este segundo mandato, el Yuyo ejerció influencia incluso después de caer preso, justo cuando arrancaba el Gobierno. José Manuel

Daes fue detenido por presunto enriquecimiento ilícito, luego de que se encontraran cheques girados por empresas del capo del Cartel de Cali, Miguel Rodríguez Orejuela, a la empresa de vidrios Tecnoglass, que la familia Daes fundó en el 94.

Un año antes de eso, en 1993, tanto al Yuyo como a su hermano, Christian Tadeo Daes Abuchaibe, les habían abierto un proceso penal en Estados Unidos por conspiración para importar cocaína y lavado de activos. El inmenso periodista investigativo colombiano ganador del premio Pulitzer, Gerardo Reyes, que desde los 80 estuvo vinculado a los diarios El *Nuevo Herald* y El *Miami Herald,* contó en 1995 los detalles de una gran operación que contra el Cartel de Cali lideró la Administración de Control de Drogas DEA. El operativo se llamó Cornerstone (Piedra Angular) y generó el más amplio encausamiento en la historia judicial de Estados Unidos en contra del Cartel de Cali: 162 páginas y 59 acusados. Entre ellos estuvo el Yuyo Daes, quien aparece en un documento, citado por Reyes en El *Miami Herald,* como un «comerciante colombiano involucrado en la importación y distribución de cocaína del cartel a finales de 1980». Según el recuento publicado en El *Miami Herald* sobre cómo funcionó esa organización, en 1988 Miguel Rodríguez Orejuela «se reúne en Cali con su testaferro de confianza, Julián Murcillo, y unos de sus supervisores en Miami, el comerciante colombiano José Daes, para planear una nueva ruta de envío de vegetales. Miles de kilos de cocaína son enviados en cargamentos de brócoli». En el 96, a los hermanos Daes les expidieron orden de captura y los declararon fugitivos hasta que se presentaron ante la justicia estadounidense. Pero el rastro de los reportajes sobre el caso, escritos a mediados de los 90 por Gerardo Reyes, fue borrado de internet.

Sobre la detención en Colombia del Yuyo Daes, justo cuando iniciaba el segundo mandato del Cura Hoyos, me habló ese exalcalde en una entrevista que le hice en septiembre de 2021 en su casa en Rebolo.

El Cura me contó que, siendo mandatario elegido, se comunicó con el Instituto Nacional Penitenciario y Carcelario (Inpec) para averiguar por las condiciones de detención de su amigo el Yuyo: «Él [Daes] me dice a mí que vendía ropa carísima, allá en Miami, y los Rodríguez compraban ropa allá, y por eso es que tratan de meterlo [en el lío]. Cuando al Yuyo lo cogen preso, yo ya era alcalde electo. Me llaman su esposa, creo que con trillizos recién nacidos, y su mamá, y me piden ayuda. Por fortuna logré ese contacto con el Inpec... La idea era que él pudiera venirse para Barranquilla, porque a él lo cogen en Bogotá. Recuerdo que viajé y lo saqué yo mismo, allá en Bogotá, y él escogió aquí ir a la [cárcel] Modelo [de Barranquilla]. Allá le hicieron un apartamento».

Desde ese lugar de detención, me aseguró Bernardo Hoyos, el Yuyo Daes ayudaba a pensar y decidir la contratación de las grandes obras y proyectos de la segunda Administración del exsacerdote. En ocasiones, los propios secretarios de despacho iban hasta el penal a consultarle.

Me relató el Cura: «Yo no niego que desde la cárcel se hacían contratos, jamás lo he negado. Lo que pasa es que para poder cumplir mi obsesión, que era ponerle acueducto a toda la ciudad, ampliar redes, yo delegué para poder priorizar. Me dediqué a los temas de educación, salud y servicios, yo quería que los servicios fueran de lo mejor y el resto lo delegué. El tema de finanzas lo manejaba Guillermo [Hoenigsberg]. Y Antonio Peñaloza era mi secretario de obras públicas. Ellos eran amigos del Yuyo y le consultaban. El Yuyo era un tipo berraco, es un tipo berraco, y sabe de muchas cosas, todavía cuando viene a Barranquilla viene acá a visitarme. Yo nunca fui a la cárcel, pero ellos sí y yo lo sabía, no lo niego y no me arrepiento».

Los Daes no aceptaron darme su versión para incluirla aquí. Cuando en 2015 escribí la primera historia sobre ellos en *La Silla Vacía*,[25] a través de su entonces abogado, Abelardo de la Espriella, informaron que José Manuel Daes fue absuelto de su proceso en Colombia en el año

---

25 Ardila, Laura, «Los Daes, el poder desconocido del Caribe», *La Silla Vacía*, 30 de mayo de 2015.

2000, en primera instancia por el Juzgado Segundo de Barranquilla y en segunda instancia por el Tribunal Superior de Barranquilla. No accedieron a mostrarnos el expediente completo. Para esta investigación periodística intenté conseguir ese *dossier*, con el objeto de ver detalles y fechas exactas, pero no encontré rastro del caso. El Juzgado Segundo ahora es el Juzgado Quinto Penal del Circuito con funciones de conocimiento de Barranquilla. Hasta allá fui personalmente, en el centro de la ciudad, a buscar en los libros físicos de registro, pero no aparecía nada, ni por el nombre del personaje, ni por su cédula. Por correo electrónico, ese Juzgado Quinto me respondió oficialmente que revisaron los libros radicadores de procesos de la época, al igual que todas las sentencias falladas por el extinto Juzgado Segundo, y no encontraron registro alguno de proceso o fallo sobre José Manuel Daes Abuchaibe. En el mismo sentido, ni en los libros ni en la base de datos general del Tribunal Superior de Barranquilla me fue posible hallar una letra al respecto. Fue similar a lo que pasó con varios registros de prensa sobre el caso de los Daes en Estados Unidos, desaparecidos de internet.

Aunque por eso no tengo la fecha exacta de su salida de La Modelo, el Yuyo recuperó la libertad durante el mandato de Hoyos y siguió ejerciendo influencia en la Alcaldía.

José Manuel Daes era quien se entendía con los concejales, incluyendo a los angelitos. Fungía como una especie de mediador entre el alcalde y la cuadrilla política que dominaba el Concejo, con la que el Cura mantuvo siempre una relación dramática, de desprecio mutuo y amores por conveniencia, en la que las partes parecían estar dispuestas a jugarse el todo por el todo sin ahorrar en extremismos.

Las peleas entre el Cura y los angelitos eran de enmarcar. Como las veces que, en pleno tire y afloje por la entrega de puestos, simpatizantes del mandatario llegaron en buses del suroriente hasta la sede de la corporación y encerraron a los concejales, pasando cadenas por las puertas, mientras arengaban en su contra desde afuera. En ocasiones, a los políticos les tocó salir escoltados por la Policía porque les tiraban piedras.

Las alianzas y traiciones entre el mandatario y ese combo no se quedan atrás en recordación. Fue a los angelitos a quienes acudió el Cura la vez que, en su primer Gobierno, se divorció de Fuad Char por diferencias en la conformación de la mesa directiva del Concejo. El entonces mandatario citó entre otros al cachaco Rodríguez y a Miguel Amín a su despacho y prometió que les mantendría la burocracia que tenían, a cambio de que las mayorías votaran por su candidata a presidenta de la corporación, y no por el candidato que proponía Char. Para poder cumplirles, aseguró, necesitaba que cada uno le pasara una lista con los cargos sobre los que tenían control. Después de la votación en la que la aliada de Hoyos efectivamente salió triunfante, en la Alcaldía sacaron a toda la gente de los puestos que habían identificado los mismos concejales. Meses después, los angelitos respondieron el golpe y promovieron un proyecto para reducirle el sueldo al alcalde.

En la lidia de semejante toro, durante el segundo mandato del Cura, al Yuyo Daes lo consideraban una suerte de diplomático. Pese a no tener cargo oficial en el distrito, algunos concejales lo veían como el poder con el que había que hablar a la hora de tratar con el alcalde. El entonces concejal Alejandro Munárriz me lo explicó así:

«El Yuyo era muy amigo del Cura y nos ayudaba a nosotros, los concejales, a tener buenas relaciones con él [con el Cura]. Sin ser secretario ni nada, era como el canciller, el Yuyo era un personaje, como un relacionista público, para que nos cumplieran y para que las cosas se dieran y para que hubiera buenas relaciones, mientras el Cura allá en el Rincón Latino, no joda, nos decía bandidos y de cuanta cosa».

Por otras fuentes distintas a Munárriz supe que José Manuel Daes fue, además, quien se ideó varias de las famosas concesiones que comprometieron los tributos y, después de esta década, dejaron a Barranquilla prácticamente privatizada. Según el relato del Cura, Daes lo hizo en equipo con el secretario de Hacienda, Guillermo Hoenigsberg Bornacelly, que venía de ser líder barrial de izquierda y militante del Partido Comunista y era un alumno destacado del Movimiento Ciudadano.

En los tiempos de la segunda Administración del Cura, a Hoenigsberg lo recuerdan como el alto funcionario que llevaba las cuentas de la ciudad más importante del Caribe de manera informal, en una libreta pequeña a mano. Fue cuando los Daes, de hecho, se ganaron una concesión. El primer negocio público que tuvieron los que más adelante se convirtieron en reyes de la contratación de la Barranquilla de los Char.

Se trata de un contrato de concesión del año 99 por medio del cual el distrito encargó a la empresa Construseñales, de los Daes, el diseño y la explotación del mobiliario urbano, la semaforización y señalización y la publicidad exterior visual. En 2007, fue agregado al objeto contractual la operación del sistema de las fotomultas de tránsito.

Al año siguiente de la entrega de esa concesión, en el 2000, se concretaron los dos grandes negocios de Barranquilla que terminaron salpicados por los paramilitares. Uno de ellos marcó la génesis del saqueo a la Triple A, una de las principales empresas de los barranquilleros. El otro comprometió la plata de los impuestos y desató una guerra a sangre y fuego que sacudió a la ciudad.

LA TRIPLE A Y MÉTODOS Y SISTEMAS, DOS ESCÁNDALOS QUE VAN JUNTOS

Todo arrancó cuando la Administración del Cura Hoyos presentó al Concejo dos proyectos al mismo tiempo: uno para que le permitieran ampliar por otros veinte años la concesión que tenía la empresa mixta de servicios públicos Triple A, que había sido creada en el 91 a instancias de un grupo de empresarios con liderazgo cívico e incidencia en la Cámara de Comercio, para resolver el caos de las Empresas Públicas Municipales. La otra propuesta era para que los concejales autorizaran al alcalde licitar y contratar hasta por veinte años una «modernización» en el recaudo de los impuestos.

De entrada, ambas iniciativas eran llamativas y polémicas, por decir lo menos. La primera porque aún quedaban trece años para que terminara esa concesión de la Triple A, y no suele pasar que un negocio de esos se prorrogue cuando falta más de la mitad del plazo del contrato vigente. Y la segunda porque se trataba, en la práctica, de una concesión disfrazada del cobro y la administración de los tributos, función que por ley el Estado no puede delegarle a ningún privado.

Los dos proyectos fueron radicados y aprobados exactamente en el transcurso de los mismos cuatro días de mayo de 2000. Siguiendo su fórmula, varios de los angelitos intentaron negociar burocracia a cambio de votarlos positivamente. Al principio de la Administración, habían tenido un desayuno con el Cura en el que Miguel Amín, concejal de ese combo, le advirtió al mandatario:

—Padre, ¿usted ha visto una nevera gigante que hay en el Concejo? Bueno, allá le vamos a meter todos los proyectos que nos presente.

Según el relato de tres de aquellos concejales, el Yuyo Daes se movió y empezó a hablar concejal por concejal para conseguir los apoyos necesarios a las dos iniciativas. En medio de esa puja, los veintiún concejales de la ciudad se dividieron en dos coaliciones, cada una con su propia mesa directiva. La coalición que aprobó ambos proyectos estuvo presidida por Ernesto Gómez Guarín, Eduardo Pulgar y Alejandro Munárriz, que ese mismo año y desde esas mismas sillas de directivos estuvieron involucrados en la defraudación a las arcas del Concejo por la cual los sancionó la Procuraduría en 2007.

La discusión fue en sesiones a puerta cerrada, sin barras ni periodistas, en la sala de juntas del noveno piso de la Alcaldía, como si se tratara de reuniones del gabinete del alcalde. En medios y en corrillos políticos la llamaron «la coalición de las bolsas negras»[26] porque versiones sin confirmar dicen que varios concejales fueron vistos saliendo del edificio de la Administración con talegos oscuros en la mano. Munárriz me dijo que empujó los dos acuerdos porque en la Triple A supeditaron la

26 De la Hoz, Alexandra, «Así se aprobó ampliar la concesión a Triple A», *El Heraldo*, 3 de julio de 2017.

extensión del alcantarillado del suroccidente a la ampliación de la concesión y, como él fue «gestor de vivienda» en ese sector, quiso ayudar a la comunidad. El acuerdo para hacer la licitación de los impuestos lo respaldó porque «todo el mundo sabía que en Barranquilla había una mafia de tramitadores y esa vaina tenía que cambiar».

El concejal Alejandro Char no discutió ni votó esas propuestas.

Aburrido en un Concejo en el que no pegaba, el segundo hijo de Fuad Char se encontraba concentrado en la campaña a la Gobernación en la que se metió en las siguientes elecciones. Esos comicios inicialmente los perdió frente al periodista Ventura Díaz, que fue gobernador por casi dos años y medio con apoyo de los Name, hasta que en 2003 el Consejo de Estado determinó que quien había resultado ganador de la contienda, por poco más de mil votos, era Char, que administró los ocho meses restantes del periodo.

A nivel nacional, el patriarca Fuad, por su parte, se convertía en una de las columnas fuertes del recién nacido partido Cambio Radical, miembro de la coalición de Gobierno del presidente conservador Andrés Pastrana, que ganó llevando como fórmula a la Vicepresidencia a Gustavo Bell, a quien los Char respaldaron. Por la vía del apoyo charista a Pastrana fue que, por la época, Arturo Char terminó nombrado primer secretario de la embajada de Colombia en Londres, sin contar con experiencia diplomática previa.

El clan estaba, en resumen, en movidas nacionales, algo rebajados localmente por el dominio que tenían el Cura y sus aliados. El apellido Char era entonces protagonista del poder en Barranquilla sobre todo por David Char Navas. El sobrino de Fuad Char, hijo de Habib Char, fue el contratista al que el Gobierno de Bernardo Hoyos entregó a través de una licitación el negocio de la modernización en la recaudación de impuestos, cuatro meses después de que el Concejo le diera la controvertida autorización al mandatario.

La empresa que recibió la palomita de nada menos que gestionar y recaudar los tributos de los barranquilleros se llamaba Inversiones Los

Ángeles y había sido creada tres años antes por Char Navas y su esposa, Albertina Tina Guerra de la Espriella, con el objeto principal de comercializar productos de agricultura y ganadería.

Asegura el Cura que para que le dieran el negocio fue clave que Char Navas hubiese sido el único oferente que se comprometió a pagarle a la Administración los cinco mil millones de pesos de adelanto de recaudo tributario que las condiciones del proceso exigían al contratista.

«Lo que pasa es que a mí me asfixian financieramente, yo no tenía ni para pagar la nómina. Entonces, me pongo a pensar dónde consigo plata. Le digo al Yuyo: "Yuyo, ¿qué hago?, ayúdame". Y él me dice: "Padre, hagamos la concesión de la malla vial, eso se coge la plata de la sobretasa [a la gasolina], se cede para que hagan todo, pero se usa una parte para pagar deudas y eso te da". Cuatro mil millones me entraron esa vez. Y ahí es que también hacemos todo el cuento de los impuestos, que no era concesión, era modernización. Yo pedía para adjudicar cinco mil millones de anticipo y, mira, aquí vinieron interesados [David] Char, Gerlein, Carlos Cure, y yo les decía "estoy pidiendo cinco mil millones que necesito para pagar la nómina", y Char fue el único que dijo que se los daba a la Administración», me contó el exmandatario.

Efectivamente, la Administración de Hoyos estaba sin plata. Más o menos desde el 96, durante el Gobierno de Édgar George, elegido a nombre del Movimiento Ciudadano aunque después rompió con él, la ciudad venía gastando más de lo que le entraba. Fue con el Cura, sin embargo, que el déficit se recrudeció bajo la estrategia de amarrar ingresos tributarios a concesiones poco rentables, que terminaron con Barranquilla obligada a acogerse a la Ley de Quiebras en el año 2002.

La del mantenimiento y construcción de parte de la malla vial fue una de las concesiones más cuestionadas de esta época. Una investigación de la revista *Semana*[27] reveló en 2003 que era lesiva en términos

27 Revista *Semana*, «Barranquilla para arrendar», 11 de enero de 2003.

económicos, pues en ocasiones el distrito terminaba pagando por las obras hasta el doble de lo que costaban.

Además, para hacer esos trabajos, la Alcaldía le cedió al concesionario los recursos provenientes de la sobretasa a la gasolina por veinte años. La entregó el Gobierno del Cura en el 99, a través de una licitación con único proponente. El ganador fue un consorcio en el que tenía la mayor parte el contratista Julio Gerlein Echeverría con su firma Valorcon.

Julio Gerlein, además de empresario, era cabeza de una casa electoral cuya cara visible era su hermano, el senador conservador Roberto Gerlein Echeverría, y un nombre que se repetirá constantemente en la historia política de los Char.

Por la época, el apellido Gerlein también fue protagonista del negociazo que se terminó de concretar en la Triple A, tras la inusual prórroga de la concesión que propuso el Cura.

Gracias a que en la Alcaldía anterior de Édgar George se le abrió la puerta a la llegada de accionistas extranjeros a la Triple A, en 1996 varios empresarios locales se habían asociado con la española Aguas de Barcelona para constituir la Sociedad Interamericana de Aguas y Servicios-Inassa. Ocho días después de ser creada con una cuantía de un millón de pesos, Inassa se ganó un contrato de asistencia técnica con la Triple A que le significó ingresos de más de doscientos mil millones de pesos en diecisiete años y que tuvo como condición volver a esa compañía accionista de la empresa mixta de servicios públicos barranquillera.

Fue a partir de ese momento que la ciudad comenzó a perder su mayoría accionaria en la Triple A.

Luego de la ampliación de la concesión que logró Bernardo Hoyos con ayuda de unos concejales, los socios locales de Inassa le compraron a Aguas de Barcelona su parte por siete millones de dólares y, apenas un año después, vendieron Inassa a la empresa pública de Madrid Canal de Isabel II por diez veces ese valor. Esa valorización encuentra explicación en la prórroga al contrato de la Triple A que gestionó el alcalde.

Entre los afortunados privados al frente de Inassa estaban Luis Eduardo Cárdenas Gerlein, Enrique Miguel Gerlein Navas, Julio Luis Jácome de la Peña y Luis Alberto Nicolella de Caro.

Fue la génesis de un entramado que iría aún peor, cuando años más tarde, hacia 2017, las autoridades en España encontraron indicios de que una red de corrupción dentro de Canal de Isabel II había hecho inversiones infladas en América Latina, como la de la Triple A. Casi al tiempo, en Colombia la Fiscalía denunció un desfalco de al menos trescientos mil millones de pesos dentro de la empresa de servicios públicos de Barranquilla, hecho a punta de contratos ficticios que no se ejecutaban pero sí se pagaban.

Pero todavía faltaba para eso. Antes, explotaría la bomba del negocio de los impuestos, que también fue ideado en el segundo Gobierno del Cura y terminó permeado por manos criminales. El asunto comenzó a destaparse poco después de que Bernardo Hoyos terminó ese segundo mandato, cuando por primera vez en casi una década la ciudad eligió a un alcalde contrario al Movimiento Ciudadano: al neurocirujano samario Humberto Caiaffa Rivas.

Apenas se sentó en la silla del poder del distrito, el nuevo mandatario inició una ofensiva judicial y mediática para quitar el contrato de los tributos a la empresa de David Char por considerar que su objeto era ilícito.

En un camino lleno de demandas, tutelas y pronunciamientos de parte y parte, en el que gremios y veedores apoyaron a Caiaffa, al final de ese periodo Char Navas cedió el negocio a una sociedad de la que hacía parte David Name Terán —el hermano y brazo económico del cacique José Name—. Se llamaba Métodos y Sistemas.

Pero la cara visible de Métodos y Sistemas no era David Name, sino otro de sus socios: Eduardo Losada Manotas, un empresario local recordado hasta entonces porque en 1996 había sido detenido en el operativo en el que fue capturado Ángel Guillermo León Sánchez, el presunto segundo hombre del Cartel de la Costa.

Édgar Ignacio Fierro Flores, el excapitán del Ejército que se convirtió en el jefe de las Autodefensas Unidas de Colombia (AUC) en Barranquilla, me aseguró que Losada era colaborador de los paramilitares. Según Fierro, cuando el contrato de los tributos pasó a Métodos y Sistemas, el empresario se encontraba ayudando a que ese grupo ilegal pusiera un candidato a la Alcaldía en las elecciones que seguían en 2003.

Ese fue el año en el que, de hecho, Fierro, conocido con el alias de Don Antonio, llegó a la ciudad por orden directa de Rodrigo Tovar Pupo Jorge 40. El comandante del Bloque Norte, Jorge 40, era vocero de las negociaciones con el Gobierno Uribe en Santa Fe de Ralito, pero desconfiaba de estas y, al tiempo en que hablaba de desmovilización, planeaba expandirse a tierras barranquilleras para quedarse con las rentas del Atlántico.

Por su geografía simple, de relieves montañosos de muy poca altura y un territorio pequeño y plano en su mayoría, el departamento no había sido muy apetecido para vueltas militares de las Autodefensas. Sin embargo, desde 1999 se venían infiltrando en el área metropolitana de Barranquilla grupos de sicarios de civil para lo que ellos llamaban «neutralizar», o sea identificar y asesinar, a personas que consideraban cercanas o miembros de las redes de las FARC y el ELN, que contaban con amplia presencia allí. Por eso se trataba de una zona clave.

Entre 2003 y 2006, Don Antonio comandó el frente José Pablo Díaz, que operó en el Atlántico y en el vecino Sitionuevo, en el Magdalena.[28] Su misión fue continuar acabando con los que creyeran simpatizantes de las guerrillas, y apoderarse de todos los flujos de caja legales e ilegales posibles. Entre los trescientos asesinatos que cometió Antonio, está

---

28 Trejos Rosero, Luis Fernando. Badillo Sarmiento, Reynell. Guzmán Cantillo, Jolie. Martínez Martínez, Franklin. *Conflicto armado en Barranquilla (1980-2020). Antecedentes y actualidad de la presencia guerrillera, paramilitar y criminal en la ciudad*, p. 25.

el del sociólogo y profesor de la Universidad del Norte, Alfredo Correa de Andreis,[29] una tristeza colectiva en la academia barranquillera.

Hijo de una profesora y un campesino huilenses, el desmovilizado, quien tiene la memoria del rastro paramilitar en Barranquilla, y ya pagó su condena dentro de Justicia y Paz, me concedió una entrevista personal en septiembre de 2021. Parte de lo que me relató está contenido en otras entrevistas periodísticas que había dado antes, en versiones libres y en la información de los dos computadores, dos memorias USB y dos CD que le encontraron cuando fue capturado, y que es conocida como «el computador de Jorge 40».

Pero también me dio datos nuevos.

LA MENCIÓN PARAMILITAR A LOS DAES

Édgar Fierro me aseguró que el candidato al que las Autodefensas apoyaron en las elecciones de 2003, con la ayuda de Eduardo Losada, fue Guillermo Hoenigsberg, el exsecretario de Hacienda del Cura que llevaba las finanzas del distrito en libretas a mano. Ese exfuncionario efectivamente ganó la Alcaldía en aquella ocasión, con votos del Movimiento Ciudadano y de la izquierda. Fue la última vez que el grupo del Cura Hoyos puso alcalde en la ciudad.

En el frente José Pablo Díaz algunos se referían a Guillermo Hoenigsberg como «el autista», debido a que en las reuniones que Fierro dice que tuvieron para financiarle la campaña «no hablaba, sino que se limitaba a asentir en todo». Según el desmovilizado, fueron 2 500 millones de pesos los que los paramilitares le entregaron a ese candidato con el compromiso de que, a cambio, permitiera al grupo ilegal y sus aliados quedarse con la contratación más grande de Barranquilla. Para tener control en la ciudad esos años, asegura Édgar Fierro que las

---

29 *El Heraldo*, «Pido perdón a las víctimas porque el daño que causé jamás será reparado: Don Antonio», 28 de noviembre de 2014.

Autodefensas llegaron a poner al secretario de Infraestructura y al personero.

Antes de ser trasladado a Barranquilla, Don Antonio se desempeñaba como inspector de armas del llamado frente Mártires en el Cesar. Cuando aún estaba en esa labor, su jefe Jorge 40 le presentó a un personaje al que le señaló como alguien clave en el nuevo camino criminal en Atlántico. Esa persona, me aseguró Fierro, fue Darío Laíno Scopetta, conocido como alias Ojos azules.

Laíno Scopetta era un connotado empresario, ganadero y palmicultor, quien, tiempo después, en 2006, se desmovilizó con el Bloque Norte en un caserío de Valledupar, y años más tarde pidió pista en la Justicia Especial para la Paz (JEP) como tercero civil (personas que, sin formar parte de los grupos armados, contribuyeron de manera directa o indirecta en delitos relacionados con el conflicto). A pesar de que varios testimonios de postulados en Justicia y Paz lo señalan como el fundador y verdadero poder del frente José Pablo Díaz,[30] hasta 2022 Laíno se paseó entre la clase alta barranquillera como si nada. Ese año, fue condenado en primera instancia por haber determinado el crimen de un sindicalista, cometido por miembros de dicho frente.

Édgar Fierro me dijo que él siempre le rindió cuentas a Jorge 40 y que Laíno nunca fue su jefe, sino más bien «un apoyo» que le dio contactos en Barranquilla. Por ejemplo, afirmó Fierro, Ojos azules le presentó a los empresarios Daes asegurándole que se trataba de «amigos de la organización» paramilitar.

«Darío [Laíno] me llevó a hablar con los Daes. No me acuerdo si fue en 2003 o ya era 2004. Me dijo: "Venga, que le voy a presentar a unos empresarios importantes", y yo fui allá a Tecnoglass, entré a Tecnoglass.

---

30 Trejos Rosero, Luis Fernando. Badillo Sarmiento, Reynell. Guzmán Cantillo, Jolie. Martínez Martínez, Franklin. *Conflicto armado en Barranquilla (1980-2020). Antecedentes y actualidad de la presencia guerrillera, paramilitar y criminal en la ciudad*, p. 33.

En esa época, recuerdo que tenían un bar muy bonito, y una oficina bien bonita, y yo militar, patrullando casi todo el tiempo, uno se impresiona fácilmente por lo que en ese momento ve como tanta ostentosidad. Entonces, llego allá, hablamos, y ellos se identifican como muy amigos de la organización y de Darío Laíno y de Jorge 40... "Cualquier cosa que necesites, aquí en Tecnoglass", me dijeron. Estaban Christian y Yuyo, los dos estaban allí». Fue lo que me aseguró el desmovilizado exjefe paramilitar.

Fierro me dijo también que, sin embargo, en su paso por la ciudad nunca les pidió favores ni a los Daes ni a Laíno: «Uno con los amigos de Jorge 40 no se mete... Yo a ellos no los molesté para nada porque eran amigos de 40, la verdad yo llegué y me volví autosuficiente».

Contrario a lo que ocurre con los nombres de Darío Laíno y del exalcalde Guillermo Hoenigsberg, en el expediente de Don Antonio no aparecen mencionados ni Christian Tadeo ni José Manuel Daes Abuchaibe. Tampoco existe proceso alguno contra esos dos empresarios por presuntas relaciones con paramilitares. Como no aceptaron hablarme para este libro, no pude agregar aquí su respuesta a lo dicho por Fierro.

El primero que denunció la supuesta financiación paramilitar a Guillermo Hoenigsberg fue el propio Bernardo el Cura Hoyos. Lo hizo tiempo después de haber roto políticamente con su otrora aliado. Hacia el final de ese mandato, el exsacerdote aseguró en medios[31] que se había enterado de la historia por el mismo alcalde, y detalló públicamente que los 2 500 millones de pesos entregados por las Autodefensas tuvieron como garantía un lote propiedad de Eduardo Losada, el del negocio de los impuestos con la empresa Métodos y Sistemas.

Édgar Fierro me dijo en 2021 que todo eso que dijo el Cura era cierto. Según el desmovilizado, Losada llegó a ser considerado en el frente José Pablo Díaz como un importante aliado y brazo político, que ayudó

---

31 Revista *Semana*, «Barranquilla caliente», 5 de mayo de 2007.

a hacer contactos para ir por la contratación de otras alcaldías del departamento, como la de Soledad. En Justicia y Paz, Fierro contó que esos años lograron meterse en todos los pueblos, menos en Baranoa, que tenía un alcalde elegido con aval del Polo Democrático.

El interlocutor principal de Losada en la organización era Carlos Mario García Ávila, o alias Gonzalo o el Médico. García, efectivamente, era un médico de la Universidad del Norte, quien había militado en las juventudes liberales del grupo del parapolítico Dieb Maloof y que comandaba la comisión política del frente. Al igual que Fierro y el Cura, el Médico también ha asegurado en varias ocasiones que los paramilitares le entregaron dinero a la campaña de Hoenigsberg con ayuda de Eduardo Losada. Puntualmente, Carlos Mario García dijo que la plata provino del bolsillo de Losada, quien a cambio exigió que le dieran el cuarenta por ciento de la contratación de Barranquilla.

Cuando asesinaron a Eduardo Losada, los paramilitares del frente José Pablo Díaz lo sintieron como un golpe al corazón. Se sintieron afectados porque habían perdido a un amigo. Ocurrió en junio de 2004, cuando aún no se conocía la denuncia de la financiación ilegal a Hoenigsberg que hizo el Cura Hoyos.

En esos días, Don Antonio, el Médico y Losada estaban muy molestos con el alcalde Hoenigsberg, debido a que sentían que este no estaba cumpliendo a cabalidad el pago de la deuda que tenía con ellos en plata y en contratos. Fierro declaró a Justicia y Paz que, incluso, él y el Médico habían tenido que llevar a Guillermo Hoenigsberg a Ralito, donde estaba concentrado Jorge 40, para que aclararan cuentas. El Médico también ha afirmado lo mismo en declaraciones a medios[32] y ante la justicia.

Eduardo Losada iba ingresando a la sede de Métodos y Sistemas cuando dos sicarios lo levantaron a tiros. Dentro de la empresa contratista

---

32   *Verdad Abierta*, «"Yo llevé a Hoenigsberg a Ralito": Gonzalo», 28 de noviembre de 2011.

del distrito se encontraba en ese momento Don Antonio, que tenía allí una oficina permanente. Lleno de rabia, el entonces jefe paramilitar activó enseguida a sus redes urbanas por radioteléfono y ordenó matar ahí mismo a los sicarios responsables. Los persiguieron y con sorpresa encontraron que se trataba de hombres de Diego Murillo Don Berna, el narcotraficante que era amo y señor del delito en Medellín.

Luego de eso, Don Antonio y Jorge 40 se comunicaron con Don Berna para preguntarle por qué su gente estaba involucrada en el homicidio de un contratista de Barranquilla. Murillo les explicó que lo que había pasado era que los autores intelectuales lo habían contactado para ofrecerle parte de la contratación de la ciudad si los respaldaba cometiendo el asesinato, que era una clara afrenta al Bloque Norte.

En la entrevista que le hice, Fierro me aseguró que las personas a las que Diego Murillo se refirió como supuestos «autores intelectuales» del crimen de Losada fueron Guillermo Hoenigsberg y el Yuyo Daes.

En septiembre de 2021 y en marzo de 2023, busqué al exalcalde Hoenigsberg para preguntarle por los señalamientos que le han hecho de frente Bernardo Hoyos, Édgar Fierro y Carlos Mario García, pero en ninguna de esas ocasiones me contestó. Ni contra José Manuel Daes ni contra Guillermo Hoenigsberg existe ninguna investigación judicial abierta o fallo alguno relacionado con la muerte de Eduardo Losada.

Con la información que dice Fierro que dio Don Berna, y en respuesta al asesinato de su aliado Losada, el frente José Pablo Díaz mandó a matar al Yuyo Daes. El desmovilizado Fierro afirmó que no mataron a Hoenigsberg porque consideraron que asesinar al alcalde de una ciudad capital, tan importante como Barranquilla, era una movida que podía poner en riesgo la negociación de Ralito.

Por orden de Don Antonio y con aval de Jorge 40, a los cuatro meses exactos de la muerte de Eduardo Losada, José Manuel Daes fue abaleado frente a la casa de sus papás. El hecho se dobló en conmoción cuando se supo que el Yuyo no había muerto, sino que quedó parapléjico. Tenía cuarenta y tres años.

Enseguida, figuras como Bernardo Hoyos salieron a rechazar la in-seguridad y a pedir resultados. El entonces senador de Cambio Radical en el Atlántico, Mario Varón Olarte, se quejó de que en Barranquilla estuvieran matando a los ciudadanos de bien. Por su parte, el periodista Gerardo Reyes tituló en el *Nuevo Herald* de Miami, donde trabajaba: «Atentan contra socio del cartel de Cali», un artículo, cuyo rastro después también fue borrado de internet, en el que detallaba que: «Un conocido empresario de Barranquilla, Colombia, que sufrió un atentado el lunes, es prófugo de la justicia de Estados Unidos por cargos de narcotráfico y lavado de dinero, según documentos de la Corte Federal de Miami». Fueron días difíciles para los barranquilleros. Mal parafraseando al congresista Varón Olarte, en la ciudad no estaban matando a los ciudadanos «de bien»: estaban matando a todos los ciudadanos. Entre ese 2004 y el 2006, el frente José Pablo Díaz cometió 1 664 homicidios, sin contar subregistros que incluyen al menos una fosa común. El desplazamiento forzado se disparó y la extorsión se convirtió en una práctica común.

Hacía ya rato que en Barranquilla estaba metida gente de Medellín del grupo de Don Berna. También de los narcos de Cali. Jorge 40 lo había autorizado, de hecho. La razón es que el negocio de la cocaína se estaba moviendo a un nivel tan alto que las oficinas de cobro de los paramilitares locales, que prestaban servicio a los narcotraficantes, casi no daban abasto. El paramilitar que manejaba las finanzas del frente José Pablo Díaz era alias Salomón, que tenía dominio en los municipios costeros de Puerto Colombia, Tubará, Piojó y Juan de Acosta y reportaba directamente a Jorge 40, sin pasar por Don Antonio.

En cuentas del frente, por esos días podían tranquilamente salir al mar por el departamento entre tres y cinco mil kilos de coca semanales. Una convivencia con el narcotráfico que no era nueva en una ciudad compleja, que llevaba —y lleva— décadas contando entre los miembros de su alta sociedad a personajes que hicieron riqueza traqueteando o lavando plata, sin que nadie dijera nada. Por miedo o por tolerancia.

Se trata de fortunas engordadas con la bonanza marimbera de los setenta, con el Cartel de la Costa en los ochenta o con los narcos de los carteles de Medellín o Cali en los noventa. Barranquilla no padeció el conflicto tanto en sus maneras más obvias de violencia, como con la tenaza de los señores de la guerra que lograron permear hacia arriba.

En su incursión en la ciudad, los paramilitares lograron salpicar hasta la Triple A, que aparece mencionada en dos de las copias de conversaciones de chat encontradas en los computadores de Édgar Fierro. Ambas son de 2005. En una, Don Antonio y el Médico hablan de un contrato de caños realizado en esa entidad, del que les van a pagar el diez por ciento de lo contratado. En la otra, los que conversan son el Médico y un alias Isaac, sobre «la elección de una junta» y «un contrato grande», sin especificar cuál.[33] Dentro del frente José Pablo Díaz no es que estuvieran muy bien tampoco. Después de la exposición tras el asesinato de Losada y el atentado al Yuyo, a Don Antonio le tocó dejar su cómodo despacho en la empresa contratista Métodos y Sistemas para internarse un tiempo en la Sierra Nevada.

Más adelante, las Autodefensas alcanzaron a permear las elecciones a Congreso de 2006 en el Atlántico. Y lo hicieron salpicando el apellido Char.

EL CHAR PARAPOLÍTICO

En esos comicios legislativos, David Char Navas, el mismo que había tenido el negocio de los impuestos al principio, decidió que se lanzaría al Senado con el respaldo del frente José Pablo Díaz.

El empresario se reunió con Don Antonio y con su jefe de la comisión política, alias el Médico o Gonzalo, para ir juntos en fórmula al Congreso. Durante la precampaña, en 2005, Char Navas viajó a encontrarse con los paramilitares en la Sierra Nevada y en un corregimiento

33 Tribunal Superior del Distrito Judicial de Bogotá, 14 de diciembre de 2010.

de Valledupar. También, compartió con ellos en Barranquilla, en casa de un hombre llamado Julio César Polanía, dueño de un *call center* que manejó el sistema de domicilios para las tiendas Olímpica, en una fiesta de cumpleaños en la que también estuvieron otros políticos del Atlántico. Incluso, se vieron en la propia casa del aspirante, hasta donde fue El Médico para recibir cincuenta millones de pesos que debían ser usados en gastos de la campaña.

David Char había entrado a la política con Cambio Radical. De hecho, entonces era representante a la Cámara por esa colectividad. Pero no militaba en el movimiento Voluntad Popular de su tío Fuad Char. Desde el 97, había armado un grupo con cuadros propios de la mano de quien en ese momento era su cuñado: Antonio Guerra de la Espriella, el exsenador sucreño que años más tarde fue condenado en el caso de la corrupta multinacional brasileña Odebrecht, quien lo ayudó a entrar al partido.

Por esa época, Don Fuad comentó a un allegado, sin disimular su molestia, que la candidatura al Senado del sobrino los ponía a pelearse votos entre los mismos miembros de la familia.

Como a buena parte de la clase dirigente pública y privada de la ciudad, al patriarca Char le había pasado esta década convulsa de criminalidad por los lados, sin que se conozca registro de que haya dado algún paso para advertir o luchar contra lo que mucha gente sabía que sucedía con los negocios de la Alcaldía. Tras años de animadversión y pocas coincidencias con el Cura, se aprestaba a heredar su curul de casi dos décadas en el Congreso a su hijo menor Arturo, para irse a un semirretiro como embajador en Portugal durante el segundo Gobierno Uribe. Decía que lo tenían agotado los viajes de ida y vuelta todas las semanas a Bogotá, sin posibilidad de descanso desde que desapareció la figura del suplente.

Mientras tanto, Alejandro Char estaba a punto de concretar su primera candidatura a la Alcaldía, con apoyo entre otros del saliente mandatario Guillermo Hoenigsberg.

Divorciado políticamente del Cura, el alcalde Hoenigsberg tuvo el plan de poner de sucesor a su aliado dentro del Movimiento Ciudadano,

Juan García Estrada. Pero la movida no se concretó, debido a que, justo cuando estaba a punto de dejar el cargo, el mandatario cayó detenido por uno de los dos procesos por corrupción en los cuales fue condenado en firme en 2013 y en 2022.

Ya en el descrédito, Guillermo Hoenigsberg no jugó con carta propia en las siguientes regionales, sino que se subió con discreción, sin entrar en la foto oficial, a la campaña del novato Char. Fue la última de sus jugadas políticas visibles, aunque algunos de los amigos que lo habían estado respaldando llegaron al Concejo en esas elecciones. Después de eso, el exalcalde Hoenigsberg ha permanecido en el ostracismo y bajo la sombra de las versiones sobre la financiación paramilitar a su Alcaldía. Al respecto no hay una verdad judicial, pero parece un hecho que las Autodefensas lograron copar espacios en la contratación durante aquel periodo.

Bernardo Hoyos fue condenado por corrupción dentro de los mismos dos casos en los que fue sentenciado Hoenigsberg, por hechos ocurridos cuando el Cura era alcalde y Hoenigsberg su secretario de despacho. El primer caso tiene que ver con la remodelación del antiguo edificio del Banco de la República para que sirviera de sede de la Alcaldía, trámite por el cual el distrito le entregó a un particular casi siete mil millones de pesos a través de un contrato amañado que se firmó en 1993. El segundo caso es por la adquisición irregular de dos predios en 1998 para hacer un proyecto de Vivienda de Interés Social (VIS), que nunca se concretó aunque se entregaron anticipos de dinero.

David Char Navas logró elegirse senador con más o menos la mitad de los votos que sacó su primo Arturo Char Chaljub, en la misma lista de Cambio Radical. Su fórmula fue Alonso Acosta Osío, el excongresista quien, al momento de la publicación de este libro en 2023, estaba en juicio por parapolítica en la Corte Suprema.[34]

---

34 Información de la oficina de prensa de la Corte Suprema de marzo de 2023.

En 2017, el empresario Char Navas fue detenido por orden de la Corte Suprema, que lo acusó de los delitos de concierto para delinquir y fabricación, tráfico y porte de armas de uso privativo de las fuerzas armadas. Dos años después, ante la JEP, el hombre reconoció la relación que tuvo con las Autodefensas.[35]

Ha sido el momento en el que el lío del sobrino Char probablemente más ha incomodado en el grupo de los tiburones: las audiencias públicas de aporte a la verdad en las que la Sala de Definición de Situaciones Jurídicas de la JEP lo escuchó detallar los pormenores de su alianza con los criminales que bañaron de sangre a Barranquilla. Fue ahí que contó sobre sus reuniones con Don Antonio y El Médico y los viajes a la Sierra Nevada y Valledupar para encontrarse con los paramilitares.

David Char Navas insistió en varias ocasiones antes las magistradas que lo oyeron que ni la familia Char ni Germán Vargas Lleras supieron nunca de sus andanzas con el frente José Pablo Díaz. En una de esas audiencias, su abogado defensor aseguró que en el grupo de empresas de los Char existe un acuerdo según el cual solo uno de los hijos de cada uno de los matrimonios de los hermanos Char Abdala puede vincularse a las compañías, los otros deben hacer sus propios emprendimientos con capitales semilla. En el caso de los Char Navas, no es David, sino su hermano mayor, el que está vinculado al emporio familiar.

Poco antes del primer triunfo a la Alcaldía de Alejandro Char, a José Manuel el Yuyo Daes Abuchaibe le cerraron el proceso que hacía ya trece años tenía en Estados Unidos por conspiración para importar cocaína y lavado de activos. A su hermano Christian Tadeo se lo habían cerrado en el 99. En ninguno de los dos casos se llegó a una sentencia final, ni de condena ni de absolución, sino que ambos procesos fueron concluidos por solicitud del fiscal. El abogado de los Daes dijo en 2015

---

35 Los detalles de las reuniones que tuvo con los paramilitares salen justamente de su relato en la JEP.

que eso sucedió porque no había pruebas, pero no es fácil constatar los detalles de la decisión debido a que todas las audiencias aparecen bajo la reserva del sumario, un asunto que puede darse en el sistema penal estadounidense cuando ocurren colaboraciones con la justicia y se quiere proteger a testigos.

Con el correr de los años, los hermanos Daes quedaron lejos de los cuestionamientos y, más bien, se establecieron del lado del éxito económico y de los aplausos.

Con el Cura Hoyos entraron a los negocios públicos con una concesión y el Yuyo tuvo incidencia en la Administración local, pero con Alejandro Char se convirtieron en los megacontratistas que más negocios públicos han ganado en el distrito. Eso pasó a partir de 2008, durante la misma década larga en la que se fue consolidando el absoluto dominio político de los Char en Barranquilla y el Atlántico.

La empresa Construseñales, con la que han mantenido la concesión que les dio Bernardo Hoyos, no tiene como accionistas directos a los hermanos Daes. En cambio, ha contado entre sus socios a los padres y la hermana de los empresarios (Evelyna Abuchaibe de Daes, José Manuel Daes Sayeh y Giselle Daes de Amín), a través de dos empresas registradas en Panamá. También aparecen como dueños el hermano y la esposa de un hombre llamado Iván Álvarez Iragorri, a quien el narcotraficante caleño Miguel Ángel Mejía Múnera identificó ante la justicia como socio y testaferro de su hermano mellizo Víctor Mejía Múnera, quien en los noventa estuvo asentado en el Atlántico traficando droga por La Guajira.[36]

Al tiempo en que se convirtieron en megacontratistas, los Daes se volvieron unos celebrados benefactores en la ciudad, con chorros de plata y de regalos para el que les pida. Son una suerte de Reyes Magos caribeños y bacanes, de cuyo pasado o concentración de contratos

---

36 Corte Suprema de Justicia, Sala de Casación Penal, 16 de octubre de 2013.

públicos poco se habla. Les dan donaciones a iglesias y regalan obras a Barranquilla, desde grandes monumentos hasta estaciones de bomberos y comandos de Policía en los barrios.

Una de las llaves de su llamativa generosidad es la cuenta de Twitter de Christian Daes, presidente operativo de Tecnoglass y el más visible de los dos hermanos. Por ahí le piden y da empleo, le piden y colabora comprando cien toneladas de la cosecha de ñame que se está perdiendo en los Montes de María, le piden y obsequia un celular de alta tecnología a un admirador al que se le dañó el suyo, le piden y da entradas para ver al Junior. También ofrece millones en efectivo. Noticia nacional se volvió, por ejemplo, el regalo de cien millones de pesos que anunció en unos trinos a dos medallistas olímpicos para que compraran sus viviendas. Casi histeria causó entre sus seguidores la oferta, también a través de un trino, de veinticinco millones de pesos por cada gol que la Selección Colombia hiciera en un partido contra Brasil, para obras de la fundación que señalara el autor de la anotación.

Eso y gestos como subirles el sueldo a sus trabajadores más allá del salario mínimo legal, y haber sido de los primeros empleadores del país que comenzaron a vacunar contra el COVID-19 dentro de sus compañías, le han granjeado a él y a su hermano la imagen de empresarios con conciencia social, solidarios, sintonizados. Y mejor: tan cercanos y fáciles como poner un trino. Y todavía mejor: futboleros. Los admiradores de Christian Daes en redes han llegado incluso a proponerlo para alcalde y suelen referirse a él como «el tío Christian».

Uno de los factores clave para entender esa imagen que tienen son las excelentes relaciones que han forjado con periodistas locales y nacionales, que son objeto de su dadivosidad. Muchos se dedican a cubrir solo sus éxitos empresariales y jamás hacen mención alguna, por ejemplo, al papel del Yuyo en la época del Cura que dejó a Barranquilla quebrada ni les formulan preguntas incómodas sobre la cantidad de negocios públicos que han alcanzado con los Char. Estos contratistas han llevado de viaje al exterior a colegas para que asistan a eventos de

Tecnoglass. Un diciembre, mandaron a algunas redacciones bonos de quinientos mil pesos para gastar en las tiendas de Apple. En Carnavales, se ha vuelto común ver a directores o editores de grandes medios de Bogotá bailando en la carroza de los Daes o como invitados VIP en conciertos financiados por los empresarios.

Como gran emblema físico de su influencia, Christian y el Yuyo Daes ya dejaron para la Historia el monumento de la llamada Ventana al mundo, que es, literalmente, el regalo más grande que han dado a la ciudad. Son dos coloridas columnas asimétricas en aluminio y vidrio de casi cincuenta metros de alto, dentro de una impecable glorieta vecina a la sede de Tecnoglass, que se volvió uno de los principales sitios turísticos y de referencia de la ciudad.

El monumento fue inaugurado para los Juegos Centroamericanos y del Caribe de 2018, en un evento con la presencia del entonces alcalde Alejandro Char. Ese día, Christian Daes hizo por micrófonos un recuento de las nueve grandes obras que los Daes habían obsequiado a los barranquilleros en doce años. Al final de su intervención, recalcó el gran cariño que siente por Barranquilla. «Nosotros no lo estamos haciendo ni por obligación, ni en compensación, ni porque queremos cambiarle la opinión nuestra a nadie, porque nunca nos ha importado qué piensen de nosotros, sino porque amamos nuestra tierra», dijo ese día el empresario.

Tres años después, en octubre de 2021, los Daes llevaron a Barranquilla a unos doscientos jugadores y exjugadores del Junior, que viajaron todo pago desde distintas ciudades del país y del continente, a la presentación de la aleta de tiburón recubierta en vidrio de treinta metros de alto que los contratistas le regalaron al equipo. El nuevo obsequio había surgido, cómo no, del Twitter de Christian Daes, que en un trino prometió que si el Junior ganaba su novena estrella prepararía ese homenaje. La construcción de la aleta incluyó hacer una glorieta en la que hay un busto en honor al dueño del equipo desde hace medio siglo: Fuad Char.

Esa vez, el botón, que encendió las luces de la obra y marcó el arranque de los juegos pirotécnicos y de la orquesta, lo oprimió el Yuyo Daes, en una imagen que es un buen resumen de la transformación del poder tras el fin de la época del Cura y el comienzo de la era charista: en el punto central de lo que está pasando se encuentran los hermanos Daes, un Don Fuad que no puede parar de sonreír y la Alcaldía, representada en ese instante por el mandatario Jaime Pumarejo, el amigo que escogió Alejandro para reemplazarlo tras su segundo mandato. Alrededor de todos ellos, la música, el jolgorio, el Junior, la gente aplaudiendo.

En su turno de hablar por micrófono, Pumarejo aseguró que la familia Tecnoglass les «ha mostrado el camino».

CUATRO

ARRANCA LA HEGEMONÍA: DE ALEJANDRO A ÁLEX

Después de fracasar como concejal y de haber perdido en el intento por alcanzar el cargo de gobernador —al que finalmente sí llegó, pero cuando ya faltaban ocho meses para que se acabara el periodo—, Alejandro Char se volvió constructor privado y contratista del Estado.

En 2002, cuando recién pasaba el trago amargo de su derrota a la Gobernación, Char constituyó la promotora de proyectos Alejandro Char para el desarrollo de finca raíz. Casi enseguida, concretó como compañeros de camino a su cuñado Guido Nule Marino y a los primos de este: Manuel y Miguel Nule Velilla, quienes en los siguientes cinco años de mandato de Álvaro Uribe se convertirían en las estrellas revelación de la contratación pública de Colombia.

El segundo hijo de Fuad Char se había casado en 1999, a sus treinta y tres años, con Katia Nule Marino, en una boda que en los medios catalogaron como «la más importante del año» en Barranquilla. Él, hijo de un magnate que además era congresista; y ella, hija de un exministro (Guido Nule Amín) y, quizás lo más importante, simpática exreina del Carnaval, una dignidad que es símbolo de estatus y tradicionalmente solo alcanzan las muchachas más pudientes de la ciudad. Como sucede con todas las soberanas carnavaleras en su matrimonio, la pareja fue homenajeada por grupos folclóricos y de disfraces que bailaron en la fiesta celebrada en el Country Club.

Graduado de ingeniería civil en la Universidad del Norte, Alejandro Char arrancó, pues, el nuevo proyecto laboral junto a sus familiares políticos. Apenas dos años más tarde, los Nule y Char hijo se ganaron con el Gobierno Nacional el contrato para hacer la doble calzada

Bogotá-Girardot, uno de los megaproyectos viales más importantes del país. Por la época, Char no solo fue socio en algunos de los negocios estatales más jugosos que obtuvieron los Nule, sino que guardaba con ellos una alegre cercanía personal. Eran compadres de paseos y parrandas. Guido, Manuel y Miguel se referían a Alejandro como «el cuarto mosquetero».

Esa relación amistosa, ambientada en festejos en Barranquilla o en Sincelejo, de donde procede la familia Nule, fue lo que justamente facilitó la liga entre los cuatro. En dos años, entre 2004 y 2006, Char y los Nule obtuvieron contratos públicos que sumaron en total alrededor de un billón de pesos. Entre ellos, están también la ruta Rumichaca-Pasto-Mojarras del Corredor Vial de Occidente y la construcción de cincuenta y dos sedes de la DIAN. El «cuarto mosquetero» se instaló en el boyante barco de los tres contratistas Nule a los que, en artículo de portada, la revista *Semana*[37] publicitó entonces como los jóvenes y talentosos «nuevos cacaos», que en tiempo récord crearon unas treinta empresas con las que llegaron a facturar doscientos millones de dólares anuales.

«Una nueva generación de empresarios costeños que se está convirtiendo en un flamante grupo económico. Y que si sigue así como va, a la vuelta de veinte años podría llegar incluso a convertirse en el sindicato costeño», dijo la revista.

ENTRE CAMPO ALEGRE Y CARAMELOS A LOS NULE

Por esos mismos años, entre 2002 y 2005, como constructor privado y por su lado, Alejandro Char compró unos lotes a una urbanizadora y edificó dos conjuntos residenciales. Lo hizo sobre la ladera de un barrio barranquillero estrato medio llamado Campo Alegre, en donde también construyeron otras cinco firmas. El ingeniero Char construyó unos

37 Revista *Semana*, «Los nuevos cacaos», 22 de septiembre de 2006.

seiscientos apartamentos, que no costaban más de cincuenta millones de pesos y pudieron levantarse gracias a una decisión de la Administración del alcalde Humberto Caiaffa, a quien Fuad Char había respaldado en campaña. Aunque Ingeominas había advertido que en los terrenos se venían presentando deslizamientos desde los años setenta, la Alcaldía modificó el Plan de Ordenamiento Territorial para volver urbanizable la zona. «Alejandro Char & Cía construye tu felicidad», afirmaba una de las propagandas que sobre esos proyectos se pasaban por la radio aquellos días. Cuando en 2008 llegó por primera vez a la Alcaldía de Barranquilla, y arrancó por fin en las grandes ligas de la política electoral, no faltaba mucho para que se vieran los resultados cuestionables de esta etapa del Alejandro Char constructor y contratista.

Entonces, ya habían empezado a quebrarse como galletas las paredes, pisos y techos de varios de los apartamentos de Campo Alegre, al punto que algunos terminaron cayéndose por completo después de la evacuación de sus residentes. Dos mil propietarios, que le habían comprado a las seis constructoras, vieron cómo tras la llegada de las lluvias de diciembre de 2004 sus viviendas fueron llenándose de grietas por el suelo arcilloso e inestable de la ladera.

Para cuando Char se posesionó, dos de esos propietarios ya tenían interpuestas tutelas solicitando el amparo de sus derechos a la vida digna y a la tranquilidad, vulnerados en su entender por la constructora Alejandro Char y por el distrito.[38]

Por el lado de los contratos que tenía con los Nule, la doble calzada Bogotá-Girardot había quedado sin financiación y prácticamente abandonada. Por esa razón, el mismo Gobierno Uribe que la adjudicó acababa de hacer un préstamo, en cabeza de la hoy liquidada Dirección Nacional de Estupefacientes (DNE), para que el concesionario en el que

38 Velásquez, Tatiana, *La Silla Vacía*, «Campo Alegre, el lunar que se le revive a Char», 21 de marzo de 2016.

estaban los Nule y Char pudiera terminarla, aunque ni así lo lograron. Y la ruta del Corredor Vial de Occidente y la construcción de las sedes de la DIAN iban rumbo a los incumplimientos y al detrimento que luego fueron probados institucionalmente. Alejandro Char, por ejemplo, tuvo que pagar 2 282 millones de pesos al Estado para que la Contraloría cesara la acción fiscal en contra suya, por el incumplimiento del contrato con el Invías para hacer la vía Rumichaca-Pasto-Mojarras.

Esa parte del desastre, no obstante, hacía menos ruido en Barranquilla que lo que le sucedía a la gente de Campo Alegre. En ese momento el país aún no sabía que los Nule, en vez de dignos genios de la contratación, eran en realidad unos ladrones de cuello blanco que obtuvieron licitaciones a punta de coimas, se robaron anticipos y falsificaron estados financieros para poder mover recursos públicos de un lado a otro dejando sin plata las obras. Lo que está probado judicialmente: cabezas de un cartel que saqueó a Bogotá con la ayuda del alcalde Samuel Moreno Rojas, el contralor Miguel Ángel Moralesrussi y el gobernador de Cundinamarca Álvaro Cruz, y varios congresistas, concejales, funcionarios de distintos rangos y contratistas. El mismo año 2008 en que Guido, Manuel y Miguel Nule ganaban en la capital los grandes contratos con los que llevaron a cabo ese desfalco allá —y los proyectos nacionales en los que eran socios de Char entraban en jaque por desfinanciación— la recién nacida Administración charista preparaba dos caramelos millonarios para los primos Nule en Barranquilla.

El primer caramelo se los dio el Gobierno de Alejandro Char a los Nule un martes de Carnaval. Ese es el último día de la celebración, cuando media Barranquilla está enguayabada durmiendo y la otra media está bailando en el entierro de Joselito Carnaval, que con su muerte pone fin a la fiesta bajo la promesa eterna de volver el año entrante. *Joselito, Joselito, Joselito Carnaval, te acabaste para siempre, Joselito Carnaval.*

En esa fecha, en Transmetro, como se llama el sistema integrado de transporte barranquillero, no estaban en modo Carnaval. O, quizás más preciso: vivían su propio Carnaval. Aquel martes la empresa llevaba a cabo la audiencia para adjudicar la concesión a veinte años del sistema de recaudo de los buses y escogía como ganador una promesa de sociedad futura de la que, con un treinta por ciento, hacía parte una de las principales compañías del llamado Grupo Nule.

El periodista Felipe Romero, quien lo detalló en su libro *El cartel de la contratación*, destaca que el proceso se adelantó a pesar de que uno de los abogados asistentes advirtió explícitamente al viceministro de Transporte, Gabriel García Morales, que las exigencias de la evaluación técnica parecían hechas a la medida de un solo proponente. Pero eso no importó. Al final, hubo hasta foto feliz de los ganadores con el propio viceministro Morales. El corrupto[39] viceministro García Morales, mejor dicho, pues es el mismo que meses después le recibiría una coima de 6,5 millones de dólares a Odebrecht, a cambio de adjudicar a esa multinacional brasileña el contrato de la Ruta del Sol II por el que también pujaban los delincuentes Nule.

El alcalde Char no solo era el cuñado de uno de los adjudicatarios de un negocio que en ese momento se calculaba en más o menos un billón de pesos, sino que entonces aún aparecía como socio de los Nule en contratos públicos como el de la construcción de unas sedes de la DIAN.[40] Y aún más: en su condición de mandatario, Char fungía como presidente de la junta directiva de Transmetro, la empresa que entregaba la licitación. Ese martes de Carnaval, 5 de febrero de 2008, llevaba apenas treinta y seis días en el poder.

Para el momento de ese regalito, ya les había dado otro caramelo de oro: poco antes de entrar en la contienda electoral, Alejandro Char cedió a una empresa de los Nule su parte en un contrato público que se había ganado con el distrito de Barranquilla. Se trata de un negocio de

---

39 En el juicio en el que fue condenado, Morales reconoció haber recibido la coima.

40 Juanita León, *La Silla Vacía*, «El contrato con la DIAN: un ícono de negligencia (o corrupción) del Estado frente a los Nule», 2 de noviembre de 2010.

poco más de veintisiete mil millones de pesos, que se adjudicó en una licitación en 2006 para construir la esperada Avenida del Río, la obra con la que la ciudad comenzó a volver su cara hacia el río Magdalena.

Muchos años después, cuando esa iniciativa de volver al río ya era el majestuoso Malecón por el que el charismo saca pecho, los estrategas de comunicaciones del clan establecerían la versión rosa de que Alejandro Char se imaginó ese proyecto un día, lo dibujó en una servilleta y lo compartió con su equipo como su gran sueño. La parte que a veces no se cuenta es que su inicio en ese camino fue como contratista de unos trabajos adjudicados durante la Administración de Guillermo Hoenigsberg, que Char cedió a los Nule y después presentaron retrasos.[41]

La campaña para que Char hijo ganara su primera Alcaldía había sido compleja. Podría resumirse como una mezcla de opinión, buenas intenciones, compra de votos y traición.

De puertas para afuera, el proyecto electoral estuvo sostenido en una promesa de cambio frente a la debacle del Cura Hoyos y sus herederos. En ese momento, Alejandro Char representaba pulcritud e independencia.

En ese aspecto, al delfín lo rodeó el mismo grupo de gremios locales y empresarios amigos entre sí que, desde fines de los ochenta, empezó a levantar la voz para responsabilizar a los caciques y su desaforada hambre burocrática del desgreño y la corrupción que llevó al descalabro de los servicios públicos.

Esos empresarios se convirtieron en una suerte de faro de la ética y el civismo, y adquirieron poder efectivo al impulsar y liderar iniciativas importantes como la creación de la Triple A —precisamente en respuesta a la crisis del agua y el acueducto— y varios tanques de pensamiento, que con sus investigaciones desnudaron las costuras de las

---

41 Éver Mejía, *La Silla Vacía*, «El malecón con el que los Char sacaron pecho hoy es puro barro y maleza», 2 de diciembre de 2020.

concesiones que determinaron la quiebra de la ciudad. Por la vía de esto último, y aunque en un principio lo habían respaldado, se volvieron férreos opositores del Cura y de su amigo, el contratista José Manuel el Yuyo Daes.

Bernardo Hoyos y los «angelitos» del Concejo los señalaban públicamente de ser «la Barranquilla del Country Club», que únicamente buscaba engordar sus influencias. Peyorativamente, los llamaban «el cartel del suero» porque algunos provenían de las sabanas de Sucre y Córdoba, la tierra del suero. Los empresarios, por su parte, se referían a sí mismos como «otro grupo de La Cueva», pues fue en ese legendario bar de Barranquilla que comenzaron a tener sus tertulias y encuentros sociales.

Entre aquellos privados que apoyaban a Char I estaban entre otros el exministro Guido Nule Amín, el presidente de Promigas Antonio Celia, el exgobernador y miembro de junta del Comité Intergremial Arnold Gómez, el exministro galanista y presidente del Comité Intergremial Arturo Sarabia Better, el presidente ejecutivo de la Cámara de Comercio de Barranquilla Enrique Berrío. Unos quince en total. Nombres y apellidos con asiento en juntas directivas nacionales, en centros culturales y fundaciones influyentes, con línea en los círculos del poder central. No representaban una fuerza electoral, pero ya habían intentado jugar en política con una propuesta alternativa lanzando a Guido Nule Amín, en la elección que ganó Guillermo Hoenigsberg con supuesta ayuda de los paramilitares. Para la candidatura de Alejandro Char, varios buscaron plata y además aportaron ideas, pues le entregaron al candidato los informes sobre las concesiones leoninas entregadas en la era del Cura. Los Char no eran integrantes del grupo de empresarios de La Cueva, pero encontraban allí total sintonía.

De puertas para adentro, el proyecto electoral charista guardaba una cara menos mostrable: la cara del todo vale. Aunque hizo campaña levantando las banderas de la renovación frente al Cura y la vieja política, a Alejandro Char lo acompañó también la maquinaria desde el principio. Al tiempo que tenía detrás a los empresarios destacados de la ciudad, para esa candidatura decidió asociarse por debajo de cuerda con los Gerlein, la casa que mantenía poder político y negocios públicos, montada en una poderosa estructura que se sostenía con clientelismo y compra de votos.

«Vea, ministro, se abrió una licitación y acá está mi hermano pegando ladrillos. Me gustaría que le dieras una cita».

Esa frase, que un periodista político de Barranquilla le oyó decir un día al senador Roberto Gerlein durante una llamada telefónica, resume parte de su fórmula.

Los Gerlein se aliaron con Char, a pesar de que las elecciones locales les interesaban, no tanto para poner alcalde o gobernador propios, sino para sacar concejales y diputados que luego los ayudaran a reelegir sus curules en el Congreso. Como sea, aquel año 2007 de regionales, la directriz que dio el gerleinismo a sus cuadros fue votar a la Alcaldía por Alejandro Char y a la Gobernación por José Name Terán.

Después de toda una vida haciendo política y en medio del descrédito por el rechazo a los caciques, Name se acababa de retirar del Congreso y quería cerrar el ciclo de su carrera pública siendo gobernador del Atlántico. Decía que quería devolverle al pueblo el favor de haberlo hecho congresista durante treinta y siete años, y hacía campaña recordando que por gestión suya Barranquilla fue elevada a categoría de Distrito Especial y se creó la estampilla pro Ciudadela Universitaria.

En ese camino, el viejo dirigente selló un pacto con su archirrival Fuad Char, quien, luego de casi veinticinco años de hacerle oposición, aceptó que sus grupos fueran en fórmula por los dos cargos principales del departamento. En contraprestación por el respaldo a ambos aspirantes, los Gerlein esperaban fortalecerse en la contratación local.

En esa ocasión, y por primera vez, el contratista Julio Gerlein se la jugó poniendo a coordinar a sus líderes compradores de votos en los barrios de la ciudad a una talentosa experta que trabajaba para su grupo: Aída Merlano Rebolledo, una aún desconocida joven de veintisiete años del popular barrio Buenos Aires con la que, además, el septuagenario empresario llevaba una década larga de relación amorosa extramatrimonial. Merlano y un cuadro político de los Gerlein me contaron por aparte que, el día de aquellas elecciones locales, ese grupo pagó veinte mil pesos por voto para Char, Name y sus cartas al Concejo y a la Asamblea, más cinco mil pesos adicionales para transporte.

Semanas antes, varios de los integrantes del grupo de empresarios que respaldaba a Char habían sido enterados de la alianza con Gerlein, durante una reunión privada en la que los asistentes debatieron sobre la conveniencia de aceptar el apoyo de esa maquinaria a un proyecto que se presentaba como independiente. Unos decían que sí y otros decían que no. En lo que sí coincidía esta parte clave del sector privado de la ciudad era en que no quería a José Name de gobernador. Por alguna razón poco obvia, como lo comentó uno de ellos al recordar esta historia, veían más aceptable unirse con los Gerlein que con los Name.

LA SEGUNDA TRAICIÓN A NAME

En el fondo, Fuad Char tampoco quería a José Name, el eterno adversario del patriarca. Con sus caminos cruzados casi todo el tiempo, siempre que uno ganaba, el otro perdía. Ya era ley. Y esa vez no sería la excepción.

«Yo pongo doscientos mil votos que son míos, ustedes me ponen el resto», había dicho Name sobre su candidatura a la Gobernación, cuando hizo el pacto con los Char. Sin embargo, sus aliados no le cumplieron, a pesar de que el namismo sí votó por Alejandro Char a la Alcaldía. Por directriz de última hora del jefe Fuad, los políticos de Voluntad Popular votaron a gobernador por el liberal Eduardo Verano.

En el clan Char siempre lo han negado y Verano aún ahora asegura que para esa elección no hizo acuerdos con los Char ni por encima ni debajo de la mesa, pero varios asistentes a reuniones privadas escucharon directamente el mandato del Don. Incluso, en el grupo Gerlein, candidatos a la Asamblea y al Concejo y mochileros (que es como se les dice en el Caribe a los líderes barriales que compran votos) que tenían las instrucciones de ir por Name, también recibieron la contraorden. Por eso fue que los cuadros de políticos gerleinistas, como el concejal Carlos Rojano, acabaron marcando por el veranismo.

La segunda traición de Fuad Char a José Name es importante porque les abrió más paso a los Char al determinar la derrota definitiva del otrora indestronable cacique liberal que, tras casi cuatro décadas de victorias ininterrumpidas, terminó vencido y cuatro años más tarde falleció por una enfermedad crónica debilitante. Para mayor complejidad, en la mecánica de los favores y el amiguismo el excongresista cultivó simpatías tan fuertes, que dieciséis años después, su hijo José David mantiene una curul en el Senado en parte gracias a esa popularidad.

Cuando arrancó su primera campaña a la Alcaldía, Alejandro Char no conocía bien el sur de Barranquilla. Las calles destapadas y polvorientas, que le valieron a la ciudad por mucho tiempo el sobrenombre de La Arenosa, y los feroces arroyos, que afectaban a los habitantes de todos los sectores, no tenían mucho que ver con la vida del político primíparo.

Alejandro creció en El Prado, el barrio de casonas majestuosas en donde se establecieron las familias de migrantes más prósperas, y recibió la educación superior en las universidades del Norte y los Andes y en el Georgia Institute of Technology, en Atlanta. En ninguna fue un estudiante sobresaliente. En su paso por el colegio se destacó en deportes y mostró talento para las matemáticas y la música, y nunca le han conocido gusto alguno por la lectura. Como apunte curioso, no cursó el bachillerato en la exclusiva institución —por su acceso limitado y alto costo, reservada a las minorías ricas barranquilleras— Karl C. Parrish, en donde se educó buena parte de su primer círculo familiar: su mamá Adelita de Char[42] y sus hijos Alejandro y Mariana Char Nule. Lo hizo en el Liceo de Cervantes, también de élite, pero considerado en los estratos altos como mucho más asequible.

42 Char, Henry, *Pregunte por lo que no vea. Memorias de Henry Char*, p.183.

Su hermano Arturo Char Chaljub, el otro heredero político, se graduó de bachiller del Hebreo Unión, fundado por y para la comunidad judía en Barranquilla. Algunos conocidos de la familia creen que la razón por la que pasó esto fue porque Fuad Char quiso educar a sus hijos en un ambiente un poco menos excluyente, y otra fuente más piensa que se debió al temor del patriarca de que sus muchachos se cargaran académicamente demasiado y no pudieran ayudarle desde jóvenes en las empresas.

De ese sur de la ciudad que le era ajeno, al candidato Char le sorprendió que hubiera gente que viviera en medio de vías cubiertas de arena. Lo impactó especialmente el día de septiembre de 2007 en el que le tocó quedarse atrapado varias horas dentro de una casa, esperando a que afuera en la calle secara el barro por el aguacero que acababa de caer. Ocurrió durante una reunión de campaña con madres comunitarias, en El Bosque, el viejo asentamiento sesentero, inicialmente de negros provenientes de Cartagena y Palenque, que se convirtió luego en una de las barriadas más grandes y pobladas de la ciudad. Un sector alegre, trabajador y golpeado —como casi todos los sures, por el desempleo, la falta de infraestructura estatal, la delincuencia—, vecino de una cárcel y azotado por años por arroyos que al tiempo eran basureros, que desde entonces ha tenido parte especial en el discurso y los planes de Alejandro Char. Esta anécdota allí con el barro es el mito fundacional del momento en el que se «vacunó contra la indiferencia», como reza el libro *La voz del alcalde*, escrito por dos periodistas que han trabajado para el charismo,[43] y decidió que sería el alcalde que iba a pavimentar todas las calles de Barranquilla.

Allí en El Bosque se posesionó, de hecho, no solo esa vez, sino también para su segundo mandato en 2016, en medio de los vítores, besos

---

43 Alberto Martínez Monterrosa y Diana Acosta Miranda son los autores del libro, que fue editado con el auspicio de Tecnoglass, la empresa de los Daes.

y abrazos de aquellos barranquilleros cuyos padecimientos parecieron impresionarlo tanto. Pero en 2008 todavía no era tan popular. Todavía era Alejandro. Sin gorra. No Álex, el personaje simpático de la cachucha vieja y los tenis en el que se convirtió después, cuando alcanzó el culmen de aprobación entre los ciudadanos que lo quieren y lo ven como un barranquillero de a pie más.

Ese día de posesión de la primera Alcaldía no hubo muchos vítores, besos o abrazos. La gente moría de aburrimiento con un discurso que, más bien, era un ladrillo de siete páginas que ni el mismo Char se soportaba. Eso, hasta que el nuevo alcalde improvisó sacándose de la manga la carta con la que le arrancó al público por fin un aplauso: el Junior.

JUNIOR, EL PAPÁ DE LOS CHAR

El equipo de fútbol de la familia, cuyo icónico grito de apoyo es: «Junior, tu papá», ya había sido un exitoso jefe de campaña de Fuad Char en todas sus aspiraciones al Congreso, y aquella vez se instituyó en la vieja fórmula confiable del clan para conseguir aprobación cuando la cosa se está poniendo pesada.

Al cierre de su discurso de posesión, el mandatario dijo al público de repente que tenía «una chiva», y anunció que Giovanni Hernández, uno de los jugadores del momento en América Latina, sería comprado por el equipo de fútbol barranquillero para ayudarlo a ser campeón de Colombia. La noticia, aunque al final sí fue cierta, en ese momento ni siquiera estaba confirmada, pues su papá aún se encontraba en negociaciones. De hecho, al día siguiente el jugador aseguró en medios que no tenía idea de la vinculación. Pero eso no importó porque fue la frase que garantizó los aplausos en aquella ceremonia tediosa, y probó una fórmula política infalible desde entonces.

Fuad Char se hizo accionista del Junior en el año de 1972. Lo hizo por invitación de otros empresarios locales, también accionistas, que necesitaban inyectarle capital al equipo que venía de una crisis económica y había nacido casi cincuenta años antes —en 1924—, pero aún no ganaba su primer campeonato nacional. Desde que llegó, se convirtió en el socio auxiliador al que acudían cada vez que se quedaban sin plata, por ejemplo, para pagar la nómina.

Fundado bajo un palo de matarratón en la calle de Las Vacas (después llamada calle 30), por una señora sencilla, llamada Micaela Lavalle, que nada más quería que sus hijos pequeños tuvieran un grupo para jugar fútbol, el Juju, como le dicen algunos , ya era en el momento de la compra de los Char un símbolo de la identidad barranquillera y Caribe. Especialmente, dos circunstancias lo fortalecían como tal: primero, que a diferencia de otros equipos profesionales del país, como Santa Fe, el Junior no tenía plata para contratar jugadores extranjeros y estaba integrado únicamente por costeños. Y segundo, que el bogocentrismo del Frente Nacional, que entraba en su recta final, hacía latir con fuerza en algunos sectores un sentimiento anticentralista. La ciudad estaba ya en la crisis de su infraestructura y sus servicios públicos, en pleno saqueo por parte de una clase política local definida desde la capital. Álvaro el Nene Cepeda Samudio escribía en el *Diario del Caribe*: «Venga y conozca Barranquilla antes de que se acabe». Y el Junior, como dice el profesor de la Universidad del Norte, columnista y juniorista, Alfredo Sabbagh, «venía a ser el ejército desarmado que, desde las batallas que daba en los campos de fútbol, defendía la dignidad de Barranquilla ante el centralismo».

El Don, que en los setenta aún no tenía intereses electorales en cabeza propia, empezó a meterle plata al equipo, además, comprando jugadores en Brasil y Argentina. Por ese camino, cinco años después el Junior consiguió su primera estrella, bajo su presidencia y con la dirección técnica del argentino Juan Ramón «la Bruja» Verón.

Fuad Char ha dicho que el Junior cambió su vida desde el punto de vista de compenetración con la ciudad.[44] Ya después, el «tío Fuá», como le dicen algunos hinchas, nunca más ha encontrado tema preferido de conversación, en público o en privado, que no sea el rendimiento de los

---

44 Castillo Rafael, *El Heraldo*, «Junior me cambió la vida», 28 de enero de 2023.

futbolistas, el torneo, la liga, el sobrepeso de este, el fichaje de aquel, anunciar un técnico, descartar un técnico, criticar al técnico, criticar al árbitro, criticar a la dirigencia nacional del fútbol, al periodismo deportivo, a los aficionados. Para un periodista siempre será más fácil arrancarle a Fuad Char una declaración, por muy polémica que sea en términos deportivos, acerca de cualquier movida del Junior, que sobre una propuesta de política. Todas sus reuniones, políticas o de negocios, por muy serias que sean, suelen comenzar con su opinión sobre el último partido.

Desde antes de entrar al mundo electoral, la familia Char ha sido genuina fanática del equipo. La fallecida Adelita de Char fue una suerte de madrina para todos en el Junior: jugadores, técnicos, administrativos, barras. Iba al estadio a animarlos, organizaba fiestas si ganaban, les atendía en su joyería algunas de sus necesidades económicas. Los tres hermanos Char Chaljub, que cruzaban entre la niñez y la adolescencia cuando se volvieron dueños, desde esa época son hinchas con historia. Entre sus allegados, famosa es, por ejemplo, la costumbre de Alejandro Char de encerrarse y prohibir que le hablen cuando se juegan partidos muy importantes, en parte por cábala, en parte porque le da mucha ansiedad. Dicen que solo con la tranquilidad de conocer el resultado final, incluso si este es adverso, se atreve a mirar en diferido. El menos emocional de todos, como sucede en el resto de cosas, es el papá. «Si el Junior me quitara el sueño o me hiciera llorar, me hubiera ido hace rato», ha dicho Fuad Char.

La estrategia política que han tenido con el equipo ha consistido en hacer las compras de jugadores de fútbol más costosas en la historia de Colombia para llevar al Junior a su mejor década deportiva, al tiempo que gobiernan. Así, pueden sacar el as de esas contrataciones exorbitantes, prometedoras para los hinchas, en cualquier momento complicado que se presente en el camino del poder. Lo probó con acierto el alcalde Char en su posesión aburrida de 2008. Sobre esa ocasión, una vez dijo: «Si el Junior está bien, todo está bien... A mí en esa campaña, la gente me pedía siempre dos cosas: Álex, refuerza al Junior con un delantero que haga goles y pon una Olímpica cerca del barrio... En ese Gobierno por fortuna fuimos a tres finales y ganamos dos títulos».[45]

En otro botón para la muestra de la utilidad del equipo, en 2017, cuando Barranquilla registró en un mes la cifra de homicidios más alta en diez años, hicieron la transacción más grande del fútbol colombiano al fichar al jugador Yimmi Chará por 4,5 millones de dólares. «¡Tremendo refuerzo! Se concretó la anhelada llegada de Yimmy Chará a nuestro amado @JuniorClubSA ¡Vamos a pelear todos los títulos!», anunció por su cuenta de Twitter el mandatario, junto con fotos suyas siendo testigo de la firma del contrato. Ocho días más tarde, mientras inauguraba un hospital, Char confirmó a los periodistas presentes que el club, además, había adquirido los derechos deportivos de Teófilo Gutiérrez, otro futbolista emocionante.

Nada de eso es necesariamente una fuente directa de votos. Un político del grupo Char y un periodista deportivo local que conocen la dinámica, me dijeron dos frases que lo resumen bien: «El Junior a veces es un gasto para ellos, pero les da aún más estatus y ayuda a que la gente esté más contenta. Cuando al Junior le va bien, para más de uno el agradecimiento es para los Char», dijo el político. «Yo no creo que aquí alguien vote porque compraron a un jugador, pero el equipo en ocasiones sí puede ser una cortina de humo», dijo el periodista.

Por supuesto, la apuesta incluye el riesgo contrario si al equipo le va mal. Eso también está probado. El Junior es tan clave en la ecuación de poder del charisma, que ha sido uno de los pocos factores capaces de alterar la simpatía unánime que ha habido en la ciudad alrededor del clan. En 2016, por ejemplo, cuando Fuad Char tuvo una discusión pública con un técnico y criticó la poca asistencia de los hinchas al estadio, varias barras molestas extendieron en el Metropolitano unos trapos gigantes que rezaban:

45 Lo dijo en el programa *Confesiones con Chata,* en marzo de 2012.

JUNIOR NO MERECE SER MANEJADO X UNOS **CHAR**LATANES

y

EL AMOR DE UNA REGIÓN... EL NEGOCIO DE UNA FAMILIA

✑

Un mes después del triunfo de su hijo a la Alcaldía, Fuad Char fue nombrado por el recién reelecto Álvaro Uribe en su último cargo público antes de dejar el Congreso temporalmente: el de embajador en Portugal. Miembro de la coalición uribista desde 2002, el clan estuvo entre las maquinarias tradicionales más fuertes con listas al legislativo que respaldaron al presidente para llegar esa segunda vez, pero ya no en cabeza del patriarca. Tras dieciséis años como senador, Fuad decidió no volverse a presentar, en parte cansado por los viajes imparables a Bogotá desde que en 2003 comenzó a desaparecer la figura de los suplentes, ese carrusel parlamentario que usaban muchos congresistas para pagar favores y no tener que trabajar todo el periodo.

Antes de anunciar el retiro, había determinado junto a sus hijos que como heredero de la curul familiar iría Arturo, quien, tras un paso como primer secretario de la embajada de Colombia en Londres durante el Gobierno de Andrés Pastrana, aceptó con poco entusiasmo, convencido entonces y durante muchos años más de que lo suyo era la música y no la política. El Don partió del país a lo que creía iba a ser un periodo en calma con la tranquilidad de haber podido dejar frente a cada cañón de batalla a uno de sus hijos: a Arturo en el Congreso, a Alejandro en la Alcaldía y a Antonio en el grupo empresarial. También, entregó el manejo del Junior, hasta ese momento solo de su propiedad, al resto de sus hermanos. En esa última legislatura, Fuad Char fue elegido por sus colegas, en sondeo informal de *Caracol Radio* y el *Canal Caracol*, como uno de los senadores «invisibles».

De acuerdo con un derecho de petición que me respondió la Secretaría General del Senado, en toda su historia en el Congreso Fuad Char Abdala apenas sacó tres leyes de su autoría. Una que desarrolla el artículo 272 de la Constitución (referido a los alcances de la vigilancia a la gestión fiscal en las regiones). Una por medio de la cual se aprobó lo convenido en 1992 en «el Protocolo de Washington» de la Organización de Estados Americanos (OEA). Y una que dispuso que un porcentaje del pago por el uso público y la infraestructura en los últimos treinta kilómetros del río Magdalena, iría a obras de mantenimiento en el canal de acceso a la Zona Portuaria de Barranquilla.

LA TRANSFORMACIÓN DE BARRANQUILLA

La primera Administración de Alejandro Char arrancó con el compromiso, que sobre todo era una urgencia, de «ordenar la casa» en materia de plata. Un cliché bastante pertinente entonces en la ciudad que venía de un periodo de gobiernos (exceptuando el de Caiaffa, todos del Cura Hoyos y sus herederos) que amarraron parte del recaudo en impuestos a concesiones poco rentables, sobrestimaron sus ingresos, prestaron sin tener fuentes de pago definidas, incumplieron obligaciones de nómina y les quedaron mal a los bancos.[46]

Ese desastre fiscal había hecho que varias veces el distrito descendiera de su categoría especial y que en diciembre de 2002 tuviera que acogerse a la llamada Ley de quiebras o intervención económica. Cuando Char llegó, no había cómo financiar el Plan de Desarrollo.

Barranquilla acumulaba deudas por poco más de quinientos mil millones de pesos, que era casi cuatro veces más de lo que le ingresaba en

---

46 Otero, Andrea, Banco de la República, «Superando la crisis: las finanzas públicas de Barranquilla, 2000-2009».

ese momento. Y la cuestionada concesión de Métodos y Sistemas, que hacía el recaudo de los impuestos, solo había girado dos mil millones de pesos por concepto de recaudo del predial de los últimos meses de 2007. Fue en ese momento que el mandatario decidió armar un equipo para tumbarla.

En el camino de enfrentar semejante monstruo de problemas financieros, se acompañó de una prometedora experta, que llevaba diez años estudiando las finanzas públicas y conocía como pocos el asunto. Una mujer que terminó en el Gobierno por una mezcla entre su perfil técnico, sus relaciones familiares y la influencia del grupo de importantes empresarios que había respaldado la aspiración charista: Elsa Noguera de la Espriella, quien se convirtió en la secretaria de Hacienda.

Noguera venía de ser tesorera del departamento, gerente de la Fiduciaria La previsora en Barranquilla, e investigadora económica en Fundesarrollo, uno de los tanques de pensamiento de alto perfil creado y sostenido por el sector privado activo que apoyó a Char. Sus credenciales y contactos incluían, además, venir de la estirpe dirigente barranquillera y ser la sobrina de María Mercedes de la Espriella, la tercera esposa de Fuad Char. En un principio, Noguera rechazó el ofrecimiento de trabajo del alcalde. Como venían las cosas con el desgreño en la Administración distrital, temía terminar presa. Finalmente, le dijo que sí con la condición de no salir en ninguna foto.[47] Entre otros soportes para su labor, llegó cargando bajo el brazo varios de los informes —impulsados por los empresarios con ascendencia en el Comité Intergremial y en la Cámara de Comercio— que destaparon el grave estado de las finanzas de Barranquilla y que tanto molestaron al Cura Hoyos y a sus aliados.

Bajo una estrategia que, por supuesto, se lee más sencilla de lo que fue, su plan de acción consistió en renegociar el pago de las deudas, hacer una reestructuración administrativa para reducir gastos, conseguir

47 Acosta Miranda, Diana, y Martínez, Alberto, «La voz del alcalde», p. 78.

plata con la Nación, lograr un mejor recaudo tributario y buscar mejores reglas para algunas de las otras concesiones leoninas.

Para conseguir plata con la Nación, Char buscó en Bogotá a Uribe. De la mano del primer mandatario conoció a otra aliada técnica que efectivamente lo ayudó, y con el tiempo se volvió tan clave como la propia Elsa Noguera. Esa alta funcionaria fue Ana Lucía Villa, la jefa de la Dirección de Apoyo Fiscal (DAF) del Ministerio de Hacienda a la que el presidente se refería como «comandante», por su temple a la hora de fiscalizar y asesorar el buen uso de la plata de los entes territoriales.

La también llamada «dama de hierro»,[48] de la que decían no le temblaba la mano para poner a alcaldes y gobernadores en su sitio, y quien en una ocasión desató la rabia de Bernardo Hoyos al rechazar un perfume que el entonces mandatario le había llevado de regalo, aconsejó y avaló cada paso que en materia fiscal adelantó el Gobierno charista. Sobre todo, confió en él y le dio carta blanca. «Incluso antes de que se produjeran resultados, antes de que empezara a recuperarse la capacidad de pago y de inversión, ella nos abrió varias llaves en la Nación que nos devolvieron liquidez y capacidad de acción, eso fue vital», me resumió un asesor de la época en la Alcaldía, quien prefirió no ser citado.

Villa ayudó a Char incluso recomendando al mandatario el nombre del experto que llegó desde Bogotá a encargarse de la oficina de recaudo que creó su Gobierno. Pero no solo eso. Al comenzar a expresar públicamente su aprobación a ciertas decisiones fiscales clave del alcalde, legitimó esas movidas y poco a poco se fue convirtiendo en una jugadora con efecto político que hasta sonó para ser secretaria de Hacienda.

Por ejemplo, hay una historia que pasó ya en el segundo Gobierno de Char que lo evidencia bien. Me la contó de manera confidencial un periodista de *El Heraldo*, justo cuando estaba ocurriendo. Resulta que

---

48 Meléndez, Jorge Enrique, *El Tiempo*, «Ana Lucía Villa, la "dama de hierro" del Minhacienda», 30 de junio de 2012.

Álex Char había presentado al Concejo un presupuesto superior en diez billones de pesos al de la alcaldesa saliente Elsa Noguera, y varias voces críticas de la ciudad expresaron preocupación por ello. Decían que no era conveniente que el distrito, que aún no salía de la Ley de quiebras, pudiera quedar sobreendeudado. Además, las fuentes de financiación de Char no eran muy claras. Según lo que me contó mi colega, por esos días el mandatario tuvo un almuerzo privado con Ana Lucía Villa y con Marco Schwartz, entonces director del periódico. Estando allí, Schwartz supuestamente llamó a uno de los periodistas de la redacción y le pidió que se acercara al sitio del encuentro para recibir unas declaraciones importantes de la alta funcionaria. Luego de eso, el medio publicó una nota de tres párrafos, sin contexto ni contraargumentos, en la que la experta sentenció a favor de la propuesta del alcalde: «Barranquilla puede tener 16 billones de pesos en su plan de desarrollo»: Directora de la DAF. Después del titular, la iniciativa de la Administración fue aprobada.

El principio de tamaña buena relación estuvo muy determinado por el abrazo que Uribe decidió dar a Char, de cuyo Gobierno se volvió el mejor socio. Ellos se habían conocido durante los meses de 2003 en los que Alejandro alcanzó a estar como gobernador del Atlántico y Uribe ya era presidente. En esa ocasión, coincidieron dentro de una camioneta en alguna correría por el departamento y, con el antecedente del respaldo de Fuad Char al uribismo en las presidenciales, sintonizaron de inmediato. «Conocí a este gobernador Char, muy bueno», comentó después a un columnista el mandatario, a quien siempre le ha parecido destacable la mezcla de político de resultados, empresario exitoso y hombre de región de trato fácil, que se representaba bien en Alejandro Char.

Se hicieron cercanos, se tomaron confianza, y desde entonces no pararon de echarse flores mutuas. Char se volvió uno de los alcaldes pechichones de Palacio, de línea directa con el presidente que, sin ser muy dado a las fiestas, ha sido uno de los pocos presidentes que asiste a la coronación de la reina del Carnaval. Uribe apoyó con recursos nacionales a la Administración local en iniciativas como la puesta en operación del Transmetro y la creación de la Policía Metropolitana. «Uribe fue clave para que pudiéramos hacer el Puerta de Oro, recuerdo que venía entusiasmado de inaugurar el centro de eventos del Pacífico y nos dio la plata sin dudar», me dijo el gobernador de entonces Eduardo Verano, en referencia al centro de convenciones que es eje del Malecón que devolvió la vista de Barranquilla al río Magdalena y se constituyó en el símbolo principal de las obras del charismo.

Con el monstruo de la crisis financiera más o menos acabado, el Gobierno Char empezó a pensar en obras. Fue el momento en el que, de hecho, comenzó a poner las bases de aquellas que han sido pilares de la transformación de Barranquilla y se concretaron a lo largo de tres administraciones del mismo clan. Entre ellas están, un programa de pavimentación de vías, que ha permanecido ininterrumpidamente la década y media que lleva la hegemonía y se saben de memoria en la ciudad de los extramuros, llamado Barrios a la obra. Consecuente con la indignación que sintió aquella vez que el barro imposible de una calle lo dejó atrapado en una casa de El Bosque, Char arrancó por aquí su camino de años literalmente echando cemento por la otrora arenosa.

ASÍ SILENCIARON EL DEBATE PÚBLICO EN BARRANQUILLA

Al mismo tiempo, el mandatario empezó una estrategia de comunicaciones que desde entonces le ha apostado, más que a la difusión de mensajes, al control del mensaje, de un único mensaje, sostenido principalmente en la gestión de obras civiles: en Barranquilla se están haciendo cosas buenas, Barranquilla está cambiando. En el caso del arreglo de calles, fue clave que se haya tratado de un plan de autoconstrucción, con participación de las comunidades, que entusiasmó y empoderó a ciudadanos que terminaron sirviendo de grandes divulgadores al pasar la voz a otros sobre lo que podía lograrse.

A ese mensaje de acción y eficiencia también ayudó el propio Char con su forma de administrar. Fue la época en la que empezó a mostrar su impronta de ejecutor casi obsesivo. Tres personas que trabajaron cerca de él me contaron que podía caer de sorpresa a un contratista para ver si estaba trabajando, que revisaba trabajos incluso después de inaugurados, que dormía pocas horas y que era capaz de llamar a funcionarios a las tres de la mañana como si fueran las siete. Nunca estaba en la oficina porque despachaba desde una camioneta o desde un andén, mientras hacía diligencias en un barrio distinto todos los días. Dicen que tenía preocupación especial porque los colegios que construía o mandaba a arreglar tuvieran verdaderas buenas condiciones para los alumnos.

Con los secretarios se comunicaba casi siempre por el chat del teléfono. Pocas veces, para no decir nunca, presidió consejos de gobierno con todos en el mismo espacio físico. «Ven, móntate en el carro y me cuentas», era de las frases que más le oían como respuesta cuando le solicitaban espacio para alguna consulta, según agregaron las fuentes.

Esa condición de alcalde y Alcaldía incansables empezó a ser rápidamente convertida en narrativa dentro de la estrategia comunicativa que ha sido sostén del proyecto del charismo, y que ayuda a entender no solo la popularidad de Char, sino el resistente teflón que lo protegió después de varios escándalos. Mauricio Vargas ha sido punta de lanza de la estrategia comunicativa de los Char. El periodista, columnista, escritor, relacionista público, ministro de César Gaviria y embajador de Iván Duque, ha fungido, a veces formalmente, a veces como amigo en privado, como consejero de Álex Char y como un gran promotor del discurso del modelo charista. Cuando Char pisó por primera vez la Alcaldía, Vargas venía de hablarle al oído en la campaña y luego lo acompañó un tiempo como asesor en lo pequeño y en lo grande.

Fue Vargas quien le recomendó a Char, por ejemplo, sortear un problema de expresión causado por agitarse muy rápido, procurando tener siempre tres o cuatro puntos concisos para decir en las intervenciones tipo debate. También, el columnista fue la persona que le dio al mandatario la idea y los contactos para ir a los medios nacionales en Bogotá a vender su mensaje de cambio en Barranquilla, cuando, en un principio, el periodismo local no le copiaba.

Después de los líos de las administraciones pasadas, la prensa barranquillera estaba escéptica frente a él. Partía del prejuicio de que en la Alcaldía nada funcionaba porque muchas cosas no habían funcionado antes. El poderoso periodista Jorge Cura, amo y señor de la sintonía en los sectores más populares, era visto dentro en el primer círculo del alcalde como una especie de incómodo cogobernante, que invitaba a funcionarios para cuestionarlos al aire y al final dictaminar qué tanto de lo que anunciaban se podía efectivamente sacar adelante. «Perdón, alcalde, ¿usted sí sabe en qué ciudad fue elegido?», interrumpió una vez Cura a Char durante una entrevista en la que, recién elegido, este recitaba las obras que quería hacer.[49]

Mauricio Vargas le contó a Char que cuando los medios nacionales se mostraron reacios frente a la política de sometimiento a la justicia, diseñada por el Gobierno Gaviria dentro de su plan de lucha contra el narcotráfico, la estrategia de comunicaciones que tuvieron fue moverla en la prensa gringa, que empezó a cubrirla y a decir que podía ser buena. Luego de eso, la iniciativa terminó siendo validada mediáticamente en el país. Algunos asesores lo llaman el «efecto espejo», y consiste en salir a buscar un validador afuera, si en tu propia casa no creen en tu mensaje. Así es cómo la narrativa charista de que las cosas estaban cambiando no convenció del todo a los periodistas locales sino hasta que lo dijeron medios como el periódico *El Tiempo* y las revistas *Semana* —en donde Vargas hizo casi toda su carrera de periodista y Fuad Char tenía algunas acciones en ese momento— y *Cambio* —de la que Vargas acababa de salir como director—. Mejor dicho, a Char lo tuvieron que

---

49 Desde el 89, Cura es director de noticias de *Emisora Atlántico*, que hace parte de la Organización Radial Olímpica. También, ha liderado el portal *Zona Cero*, que han patrocinado los Daes.

validar primero los periodistas cachacos para que el resto de colegas le creyeran.[50]

Surtió efecto. A los cuatro meses de estar en el cargo, Álex Char ya aparecía entre los cinco alcaldes más populares del país. Al año, su favorabilidad casi alcanzaba el noventa por ciento alrededor del cual se mantuvo casi siempre durante sus dos mandatos. Y a los dos años, a nivel nacional ya se hablaba del «milagro barranquillero». Programas como *El Radar* de *Caracol Televisión* aseguraban que Char estaba rompiendo con todos los datos históricos de simpatías y que había logrado convertir a Barranquilla en un polo de desarrollo «sin apoyo de la clase política». Aparte del saneamiento de las finanzas, en cubrimientos nacionales le destacaban la reestructuración administrativa que redujo la burocracia, la construcción de nuevos megacolegios y las reparaciones a otros que se estaban cayendo, y los pasos hacia la modernización de la red pública de salud. Su amigo el presidente Uribe le ayudaba. Siempre que podía refrendaba públicamente todos esos logros y agregaba su impresión personal: «¿Por qué en Barranquilla la plata sí alcanza? Porque no se la roban y hay buena gestión», decía. También, lo elogiaban otros políticos regionales, como Sergio Fajardo, que en 2009 trinó: «Hace dos años vengo a Barranquilla y veo cómo avanza. El alcalde Char lidera una transformación con un gran equipo. Así se construye esperanza».[51]

Con el tiempo, a la estrategia del efecto espejo los Char sumaron una millonaria chequera en pauta oficial para los medios locales, adjudicada casi toda a dedo y ejecutada a través de intermediarios, agencias de publicidad o fundaciones que subcontratan, lo que hace difícil poder

---

50 Por ejemplo, con las historias «Milagro en la Arenosa», de julio de 2008 en *Semana*, y «Alejandro Char mejoró las finanzas y la imagen de Barranquilla», de agosto de 2009 en *El Tiempo*.

51 Recién posesionado Char, Fajardo fue invitado por ese alcalde para dictar una charla al gabinete de Barranquilla.

establecer la totalidad de beneficiarios. En noviembre de 2018, la Fundación para la Libertad de Prensa (FLIP) reveló un informe[52] que señaló que solo en dos años (2016 y 2017) la Alcaldía barranquillera entregó 68 000 millones de pesos en pauta. Esa es una cifra veintidós veces mayor que la que dio la Gobernación del Atlántico en el mismo periodo, y apenas 20 000 millones de pesos por debajo de la entregada por la Administración de Bogotá, una ciudad con más del triple de habitantes que Barranquilla. Cincuenta mil, de esos 68 000 millones, se ejecutaron a través de intermediarios que hicieron subcontrataciones. Poco más de la mitad de los contratos quedaron en manos de ocho agencias de publicidad y el siete por ciento de la plata fue para tres medios: *RCN Radio*, *El Heraldo* y *Win Sports*.

Más allá del destino de los recursos, la FLIP llamó la atención en su informe respecto a varios objetos contractuales de esa pauta que, en concepto de la Fundación, trataban de unificar los mensajes de los periodistas en sus cubrimientos. Por ejemplo, había un contrato por tres mil millones de pesos con una empresa llamada Sin Filtro que buscaba «Sensibilizar a comunicadores y periodistas de los avances del Plan y la forma de evidenciarlos a través del buen uso de las herramientas de la comunicación». Y también hubo un contrato con *Discovery Channel* por seiscientos millones de pesos en una modalidad que informalmente se conoce como *content marketing*, que consiste en publicar contenido institucional sin advertirlo; es decir, haciéndolo pasar como contenido periodístico del medio.

Sin embargo, fue otra la circunstancia que mató el espíritu del disenso y la crítica en la ciudad. Se trata de un episodio que ayudó a que los Char hayan gobernado prácticamente sin veeduría ni debates alrededor. Estalló en junio de 2009, cuando un veedor ciudadano llamado

---

52 *La Silla Vacía*, «La chequera de Char para los medios de Barranquilla», 21 de noviembre de 2018.

Manuel María Márquez convocó una rueda de prensa para hacer públicos los audios de unas grabaciones telefónicas entre el secretario de Movilidad, Enrique Berrío, y el presidente del Comité Intergremial, Arturo Sarabia. Ambos eran miembros del grupo de empresarios que había enfrentado públicamente los intereses del Cura Hoyos y de su aliado el Yuyo Daes, y que respaldó a Álex Char a la Alcaldía.

Char se había arropado con ese grupo de empresarios cuando arrancó su Gobierno. De la orilla de ellos provinieron los informes de expertos que sirvieron de base para empezar a revisar algunas de las polémicas concesiones distritales, y su influencia se sintió también en la escogencia de funcionarios técnicos como Berrío y Elsa Noguera. Además, entre los hombres de más confianza del alcalde en aquel primer Gobierno estuvieron Antonio Celia y su cuñado David Maestre, quien fungía como asesor privado.

Los audios, que el veedor Márquez aseguró haber recibido de manera anónima, no revelaron nada ilegal sobre Berrío y Sarabia. Más bien, se podrían resumir como conversaciones privadas en tono desfachatado, en ocasiones vulgar, que en algunos pedazos dan cuenta de que efectivamente ambos hombres guardaban el interés de tener cierto poder en la ciudad, y que sentían gran animadversión por Márquez. Pero, por supuesto, los hicieron quedar muy mal, expuestos en los descuidos e informalidades de su intimidad. Lo peor es que salieron a cuentagotas, pues luego empezaron a correr más grabaciones de ellos y varios periodistas, como Jorge Cura, decidieron comenzar a pasar fragmentos diarios.

El escándalo que el país conoció como «las chuzadas de Barranquilla» fue digno de película de la mafia. Enseguida se supo que otros funcionarios y personajes importantes cercanos a Char también habían sido chuzados con sofisticados equipos de interceptación y justo cuando la Administración revisaba las concesiones que tenían capturadas las rentas de la ciudad. Entre los interceptados estuvieron, de hecho, dos de los abogados del equipo que hacía la evaluación de esos contratos. En versión moderna de mensaje que emula los recados mafiosos sicilianos, a varias de las víctimas les llegaron correos electrónicos con fragmentos de sus respectivas grabaciones.

Por la vía de los audios que se hicieron públicos fue que se supo que Álex Char estaba interesado en apoyar la venta de la Triple A, en ese momento mayoritariamente en manos de los españoles de Canal de Isabel II. En una conversación chuzada entre David Maestre y Tomás Jaramillo, el tristemente célebre accionista principal de Interbolsa, quien más tarde fue condenado por corrupción cuando esa comisionista quebró, hablan de ese tema. «Tengo una gente que está muy interesada», le dice Jaramillo a Maestre en el audio acerca del negocio. Años después, en 2017, el medio español *El Confidencial* contó sin ser desmentido que, en concreto, el interés de Char en ese momento con la empresa era que a esta entraran los primos Nule.

Corrieron por la ciudad versiones de que el alcalde también había sido interceptado y lo estaban presionando con los audios.

Ni él ni nadie de su Administración salió nunca a confirmar o a desmentirlo oficialmente. Dos personas que han estado en su primer círculo en distintos momentos, coinciden en asegurar años después que a Char sí le hicieron llegar unas grabaciones suyas. Supuestamente fueron unos audios con los que lo chantajearon para que entrara en vigencia el otrosí que añadió el sistema de fotomultas a la concesión Construseñales (que efectivamente sí entró en vigencia por la época), pero de eso puntualmente jamás ha habido ni denuncia ni prueba alguna.

Una de las consecuencias de las chuzadas fue que el grupo de privados que se reunía en La Cueva, y hacía sentir su peso liderando iniciativas en la ciudad, empezó a bajar su perfil por prudencia y por miedo, como me dijeron varios de ellos. Enrique Berrío presentó renuncia irrevocable a su cargo de secretario de Movilidad. Aunque Antonio Celia siguió hablándole al oído y teniendo buena relación con Alejandro Char el resto de ese Gobierno y el que siguió en cabeza de Elsa Noguera, poco a poco aquellos empresarios se fueron quedando sin influencia dentro de la Administración.

A partir de ese momento, los hermanos Daes empezaron a consolidarse como los contratistas más grandes del distrito con una empresa llamada A Construir S.A., en la que aparecen como accionistas mayoritarios en distintos años, directamente o a nombre de otras compañías de su propiedad. Para 2016, A Construir S.A. lideraba el *ranking* de las tres empresas que concentraban el ochenta por ciento de los megacontratos adjudicados en la era Char, que comenzó en 2008. Las otras dos eran Donado Arce & Compañía y Valorcon, encabezada por Julio Gerlein, el socio electoral de Alejandro Char.

En un temor extendido, desde que ocurrieron las interceptaciones ilegales, muchos veedores y ciudadanos bajaron la voz para referirse a los poderosos sobre los que recayeron las sospechas de los hechos: los Daes, que en reiteradas ocasiones han negado haber tenido que ver en el asunto, como me lo aseguró el propio Christian Daes en una entrevista que le hice en 2015.

La puja de poder del empresariado local volvió a sentirse cuatro años después, en una elección de junta directiva de la Cámara de Comercio. Empleados de tres empresas de los Daes aparecieron detrás de la creación de 359 sociedades anónimas simplificadas de papel, que habían sido creadas en tiempo récord para poder votar y quedarse con el control de la entidad, que estaba en manos de personas allegadas al grupo «de La Cueva».

En ese momento, faltaba poco para que el imperio Char mostrara su condición única, expandiéndose más allá de aquellos escenarios locales, y tomara grado como gran poder nacional.

Al lado de otra empresa política de marca mayor. Una llamada Germán Vargas Lleras.

CINCO

EL PODER NACIONAL:
JUEGO DE TRONOS CON VARGAS Y SANTOS

Álex Char nació el 16 de abril y, en esa fecha de 2016, no era poco lo que tenía para celebrar. Hacía tres meses y medio había arrancado su segundo mandato en la Alcaldía de Barranquilla, tras una contienda fácil en la que apaleó a su único contrincante, el exconcejal de izquierda Rafael Sánchez Anillo, al sacar más del setenta por ciento del total de votos. En esas elecciones también logró que su casa se quedara con el poder departamental, luego de aliarse con el recién reelegido gobernador liberal Eduardo Verano.

Cumplía cincuenta, además. Y llegaba a esa edad redonda graduado como jefe del clan —con poder de decisión a la altura del patriarca Fuad— que justo en esas locales decidió salir de su feudo en el Atlántico y patrocinar mandatarios de otras zonas del Caribe para fortalecer sus posibilidades electorales futuras. Los Char ya no querían únicamente un alcalde, un gobernador, un congresista. Querían más. Querían todo. Querían llegar a poner presidente de la República propio. Y para ello contaban con el socio perfecto. O eso creían.

En una de las varias celebraciones que le ofrecieron en aquel cumpleaños, el alcalde Char lo proclamó. Fue en un festejo privado al que asistieron funcionarios de la Alcaldía y rectores y profesores de instituciones públicas del distrito. Hubo tarima con orquesta, comida y bebidas en mesas con mantel bajo una carpa blanca, en la que al fondo se proyectaba una fotografía del mandatario con la frase: «Cumpleaños Álex». En un instante en el que los músicos pararon de tocar, el homenajeado tomó el micrófono y con la lengua festiva y atolondrada de quien ha tomado trago declaró:

—Aquí no hay nada que hacer: Germán Vargas Lleras, próximo presidente de Colombia, ¡duélale a quien le duela!

Aplausos, histeria alegre de los presentes.

Dos años antes de esta escena, Juan Manuel Santos había sido elegido primer mandatario en fórmula con Vargas Lleras. El día de la fiesta de Álex, faltaban todavía veinticinco meses para las siguientes elecciones, pero Vargas y los Char, curtidos en lides electorales, le madrugaron a la siguiente campaña. Esa fue la apuesta definitiva del clan, la que determinó lo que llegaron a alcanzar después, la que los convirtió en un grupo único. Los tiburones políticos del Caribe pasaron de ser una importante fuerza local a ser el grupo político regional más poderoso de Colombia. Amos y señores de la burocracia en ministerios y entidades nacionales. Con línea directa a la Casa de Nariño. Todo por cuenta del músculo financiero y la capacidad mayúscula de poner votos que habían probado eligiendo a Santos en 2014 y que comprometían en ese momento al proyecto electoral del vicepresidente para 2018. En ese camino en procura del poder nacional, el charismo se dedicó a sellar alianzas electorales con grupos liderados por parapolíticos y otros cuestionados personajes en toda la región, y usó la Alcaldía de Barranquilla en beneficio propio para asegurarse votantes.[53]

La historia de la sociedad de los Char con Vargas encuentra su origen dos décadas atrás. A fines de los noventa, cuando Fuad Char y Germán Vargas compartieron como colegas en el Congreso, en donde ambos estuvieron en periodos seguidos hasta 2006. Al principio no fueron amigos y ni siquiera se ubicaron siempre del mismo lado. Vargas fue determinante para que, por ejemplo, en 2002 Char no cumpliera su sueño de ser presidente del Congreso. Ese fue el año en el que Álvaro Uribe llegó por primera vez a la Casa de Nariño. A la hora de elegir la cabeza de la mesa directiva del legislativo, la recién nacida coalición

---

53 Como lo detallará este capítulo.

de congresistas uribistas se dividió entre varios aspirantes: se postularon Char y Vargas, que representaban a los liberales disidentes que respaldaron a Uribe, y también el antioqueño de origen conservador Luis Alfredo Ramos, quien tenía en su haber la mayor votación a Senado de esas elecciones. Char demandaba el respaldo de sus colegas y del Gobierno, argumentando que casi siempre había un costeño presidiendo el Senado o la Cámara. Pero Uribe no lo apoyó y, un día antes de la votación, Vargas declinó en favor de Ramos, bajo el compromiso de recibir el mismo respaldo en la elección siguiente.

Un año después, cuando Vargas efectivamente resultó elegido como el reemplazo de Ramos por la aplanadora de legisladores del uribismo, Fuad Char y Germán Vargas terminaron en un viaje juntos. Se fueron quince días a Oriente Medio. A través del consulado de Siria en Barranquilla, el Gobierno de ese país y el del Líbano le habían extendido la invitación al presidente del Congreso como parte de un plan para fomentar la cultura árabe y generar acuerdos de integración binacionales, y le dieron a este la opción de escoger la comitiva.

Vargas Lleras pidió llevar, entre otros, a su amigo Germán Varón y a los congresistas de ascendencia árabe Dieb Maloof (que en 2008 se acogió a sentencia anticipada por parapolítica), Habib Merheg (que en 2018 manifestó a la Jurisdicción Especial para la Paz su voluntad de someterse a esta en calidad de tercero), y Fuad Char. Junto a ellos departió por Siria, Líbano y Jordania, en un paseo en el que tuvieron varias reuniones oficiales, y también momentos de laxitud en los que tomaron vino y Char contó la historia de la migración de su familia. Algunos creen que ahí nació su amistad.

Fue la misma época en la que Germán Vargas entró a Cambio Radical y se convirtió en el mandamás del partido que habían fundado liberales exgalanistas como él en el 97, una movida que se constituyó en un paso definitivo hacia su primera campaña presidencial en 2010. Nieto de expresidente (el liberal Carlos Lleras Restrepo), de familia bogotana tradicional de abolengo, con relaciones profundas y sólidas con la élite de la ciudad, Vargas estaba en la fila hacia el Palacio presidencial que de niño recorrió de la mano del abuelo. Ese parecía ser su destino como delfín de las entrañas del poder centralista, pero también porque había hecho el curso de político profesional. Lo comenzó cuando tenía veinte años, al lado de Luis Carlos Galán, como concejal en dos municipios de Cundinamarca. Es decir, desde abajo y sin tomar atajos. Ahora, siendo uno de los principales escuderos del poderoso presidente Uribe, aguardaba su momento para la gran puja.

Cuando en octubre de 2005 la Corte Constitucional le dijo sí a la reelección presidencial —que había sido aprobada en el Congreso a punta de sobornos—,[54] y Uribe quedó habilitado para presentarse a un segundo mandato, Vargas aplazó su apuesta, pero siguió trabajando en ella. Paciente, en la fila. Al año siguiente, cuando Álvaro Uribe fue reelegido, sacó la mayor votación de Colombia al Senado y quedó al frente de un partido que, con treinta y seis congresistas, se convirtió en la cuarta fuerza del Congreso en esas legislativas.

Para entonces, el senador Vargas ya había buscado a Fuad Char para que se adhiriera a Cambio Radical con su movimiento Voluntad Popular. Lo hizo tras un cálculo que es bastante simple: los Char tenían los votos regionales y la fortuna propia que a Vargas le hacían falta para buscar la Presidencia más adelante. El vargasllerista Germán Varón, que aquel 2006 alcanzó la mayor votación a la Cámara por Bogotá, me lo dijo con estas palabras: «Fuad Char era una persona con muchísima fuerza en el Atlántico y Germán no tenía a nadie en la Costa, así que va y lo convence de que se una a Cambio Radical».

54 Como lo prueba el caso de la 'Yidispolítica', que arrancó cuando la entonces congresista Yidis Medina admitió haber recibido ofrecimientos de funcionarios del Gobierno, a cambio de su voto favorable al proyecto de reforma constitucional que permitió que Álvaro Uribe aspirara por segunda vez a la Presidencia.

El patriarca Char aceptó, aunque fue justo en ese momento que, tras década y media como senador, decidió retirarse del Congreso. Como heredero de la credencial puso a su hijo Arturo Char, quien entró como candidato en la misma lista de Cambio Radical a Senado en la que estuvo David Char Navas, el hijo de Habib Char Abdala, quien, años después, reconoció ante la JEP haberse aliado con los paramilitares para esa elección.

Aunque no aparecía en el tarjetón del Senado junto al logo, Fuad Char se convirtió enseguida en un superpoderoso de su nuevo partido, al entrar con asiento en el comité central que definía prácticamente todas las decisiones importantes. Eso le permitió, entre otras cosas, comenzar a administrar y repartir cómodamente avales para ampliar sus apuestas electorales en lo local. Era parte de los beneficios de su alianza con Vargas Lleras.

La de Germán Vargas y Fuad Char fue la unión de dos doctores del cálculo político, de un par de convencidos absolutos del poder del sistema de las maquinarias que consiguen votos a punta de clientelismo y de hacer favores.

Germán Vargas, por ejemplo, es un experto detectando y reclutando a cualquier político regional con la más mínima posibilidad de poner votos. El excongresista e hijo de Luis Carlos Galán, Carlos Fernando Galán, que fue su pupilo y luego se apartó de él, cuenta que siempre le impresionó la capacidad de Vargas para recordar nombres y hacer cuentas estilo: «Fulano en el Putumayo pone cinco mil votos, hay que llamarlo y convencerlo».

Fanático de mandar a hacer encuestas internas para tomar decisiones electorales, Fuad Char tiene el tino para anticipar, casi siempre con exactitud, cuántos votos van a alcanzar los candidatos del charismo. En 2010, cuando decidió regresar una última vez al Congreso para encabezar la lista a Senado de Cambio Radical, asistió a una reunión estratégica con concejales vargasllleristas de Bogotá. Uno de estos, Darío Fernando Cepeda, sacó el ábaco: «Yo me imagino que, como va a encabezar la lista, Fuad pondrá ciento cincuenta mil votos». Pero Char enseguida lo corrigió: «No señor, yo lo que tengo son setenta y cinco mil votos a Senado». Obtuvo setenta y tres mil.

Cansado de hacer la fila detrás de Uribe, ese mismo año Vargas se lanzó por primera vez a la Presidencia. Había decidido no respaldar al presidente en el intento de reelegirse nuevamente, bajo el argumento oficial de que una segunda reelección no era saludable para la democracia. Cuando la iniciativa hizo trámite en el Congreso, su amigo Germán Varón, que estaba de presidente de la Cámara, fue clave para que el trámite del proyecto se enredara y más tarde se hundiera. Con la popularidad de Uribe aún en la estratósfera, Vargas le apostó a la estrategia de presentarse como un uribista disidente, que a la vez que representaba las ideas del mandatario no creía conveniente perpetuar en el poder a un mismo dirigente.

Su principal compañero en esta empresa fue, cómo no, Fuad Char, que se la jugó por él saliéndose del redil de Uribe, de cuyo Gobierno había sido embajador en Portugal hasta hacía poco. Fue una apuesta alta del patriarca, que encuentra explicación al ver que con Uribe los Char eran un grupo de poder importante, mientras que con Vargas eran el grupo de poder más importante.

Cuenta el exsenador oriundo del Magdalena Miguel Pinedo Vidal, a sus ochenta y tantos años dueño, con Fuad Char, del título de último cacique del Caribe, que el día en que Vargas concretó el apoyo del Don estaba en su casa en Santa Marta. «Germán me dijo: "Miguel, tengo que estar a las cinco donde Fuad Char en Barranquilla, porque me enteré que Uribe va a las seis, y yo sé que si llega antes que yo lo convence". Así que le puse un helicóptero para que lo llevara, creo que llegó incluso antes de cinco».

Para esa candidatura de 2010, Germán Vargas le ofreció a Fuad Char ser su fórmula vicepresidencial, un asunto que el cacique había querido desde que, a mediados de los noventa, se movió sin éxito para ser el vicepresidente de Ernesto Samper. Lo curioso es que en esta ocasión no aceptó la invitación, y entre allegados suyos hay versiones encontradas de por qué no lo hizo. En la lógica de su anunciado retiro del Congreso, unos dicen que se sentía cansado y le huyó a la correría propia de semejante campaña. Otros aseguran que primero dijo que sí, pero que después se arrepintió previendo que, en un debate presidencial, le revivirían el escándalo por el retiro de su visa para viajar a Estados Unidos.

Como sea, el 25 de febrero de 2010, fecha en la que Germán Vargas Lleras se inscribió como candidato presidencial por primera vez, Fuad Char no apareció. Vargas estaba en el piso 26 del edificio Seguros Tequendama en Bogotá, en donde funcionaba la sede de Cambio Radical, llamando insistentemente a Char por teléfono para ir juntos, pero este sencillamente no le contestaba. «Tenemos que salir para la Registraduría y Fuad no sé por qué no me contesta», le oyeron decir. Y también le escucharon: «Fuad, ¿qué está pasando?», mientras le dejaba un mensaje al cacique en su buzón de voz. La candidatura se registró ese día sin fórmula vicepresidencial. Vargas no tuvo problema para hacerlo, pues había plazo para modificaciones hasta el mes siguiente.

Pocos días más tarde, en una fiesta de Carnaval en el Country Club de Barranquilla, en la que estaban los Char, Vargas Lleras y varios políticos de Cambio Radical, el columnista Mauricio Vargas se las ingenió para que Elsa Noguera se sentara al lado de Germán Vargas y departiera con él, aunque ellos dos todavía no se conocían bien. El gesto del amigo y estratega de comunicaciones de Álex Char sirvió para que lo hicieran. Fuad Char no quería ser la fórmula vicepresidencial, pero sí poner una de su cuerda: a Elsa, su sobrina política. Y la puso. Vargas la anunció como su fórmula el 9 de marzo, una semana larga después de la inscripción en la que se quedó esperando a Char, diciendo que Noguera había sido la secretaria de Hacienda de Barranquilla que «sacó a esa ciudad de la quiebra».

En Bogotá poco contaban estas movidas locales de la campaña. En medios influyentes como *Semana* destacaban de Vargas principalmente los abolengos que marcaban su destino. «No hay hoy una figura política en Colombia con un linaje como este», reza un perfil de esos días en la revista,[55] en el que ni siquiera mencionan a los Char, que eran la gasolina del candidato. Una evidencia más de cómo cuenta el periodismo centralizado el poder en las regiones.

No les fue bien. A Germán Vargas no le funcionó la estrategia de declararse uribista sin Uribe y terminó tercero tras la votación de primera vuelta, mientras que en las legislativas de ese año electoral su partido —sacudido por la deserción de varias figuras que decidieron irse con el uribismo al Partido de La U de Santos— bajó en número de senadores y representantes.

En todo caso, la dupla Vargas-Char se las arregló para caer de pie adhiriendo en segunda vuelta al heredero que había ungido Uribe: Juan Manuel Santos. Después de eso, Germán Vargas terminó como ministro del naciente Gobierno, Fuad Char arrancó su último periodo en el Senado como importante alfil santista y su hijo, Álex Char, una vez terminó su primera Alcaldía, fue nombrado por Santos como alto consejero presidencial para las Regiones.

Fue el primer cargo nacional del exalcalde Char. El nuevo presidente, quien para esa silla llegó a considerar también al exgobernador de Santander Horacio Serpa Uribe, había conocido a Álex Char cuando este era aún mandatario local y Santos el ministro de Defensa de Uribe. Se caían bien. Santos decía que la espontaneidad caribeña de Char hijo era garantía de facilidad en la relación entre el Gobierno Nacional y los alcaldes y gobernadores.

Char dudó en aceptar el puesto porque no le gusta ir a Bogotá. O, para ser más precisos, no le gustan los formalismos que implica ir a Bogotá, que es una diligencia reiterada para cualquier dirigente de región en un país centralizado, con profundos desequilibrios en el desarrollo de sus territorios, en el que buena parte del destino de la plata pública

---

55 Revista *Semana*, «Germán Vargas, el Lleras», 23 de abril de 2010.

que no está ya predefinida por ley se define en las frías oficinas capita-linas de políticos y tecnócratas. Las veces que fue alcalde, siempre que pudo puso a algún secretario de despacho a hacer ese mandado. A Álex Char no le gusta hacer fila frente a los escritorios cachacos para pedir ayuda. No le gusta ponerse saco. Tiene varias camisas de colores claros y mangas cortas que suele llevar por fuera y combinar con *jeans* y tenis. Si le toca cambiar eso por algo más formal o elegante, prefiere no ir a los sitios. No le gusta quitarse la gorra. Cuando, en junio de 2012, Santos lo posesionó en una breve ceremonia en la Casa de Nariño, recibió auto-rización presidencial para dejarse la cachucha puesta ahí en Palacio, en donde iba a tener su oficina muy cerca de la del presidente. Ese día, que vistió de corbata, el primer mandatario le dijo riendo que se veía extraño.

Varios de esos detalles los dio Álex Char a *El Heraldo*, siendo ya al-calde por segunda vez, en una entrevista en video de casi diecisiete mi-nutos que el periódico le hizo solo para que hablara de por qué siempre usa gorras. Ahí contó que le molestan los cuellos de lino y las guayabe-ras, y quedó claro que no se quita la gorra porque esta es parte esencial de la imagen que creó desde 2015 de político bordillero, que se parece a cualquier barranquillero común y corriente.

Apenas duró nueve meses en el cargo de alto consejero presidencial. Char renunció para asumir en el Caribe la campaña de Cambio Radical, que al año siguiente, 2014, volvería a medirse en urnas jugando en las le-gislativas y en las presidenciales. Esa fue la movida que lo graduó como jefe de su clan, a la diestra de Don Fuad padre. De Alejandro, el concejal inexperto e intrascendente, que quince años atrás había arrancado en política con la unción de su papá como única credencial, no quedaba nada. Ahora contaba con capital político propio. Las asesorías que, tras acabar su primer mandato, prestó a varios alcaldes de la región, le ha-bían dado influencia y más reconocimiento en ciudades como Valledu-par y Cartagena, en donde el entonces alcalde Dionisio Vélez nombró en cargos clave a recomendados suyos que llegaron desde Barranquilla.

Y el paso por la Alta Consejería Presidencial le otorgó presencia y relaciones nacionales.

Las aguas, sin embargo, estaban revueltas para los Char. En lo personal, en Cambio Radical y hasta en el Junior. Además de la estampa de político tradicional ganador, Álex Char tenía encima el lastre de una investigación en la Procuraduría, que le formuló pliego de cargos a principios de ese 2013 por participación indebida en política porque siendo alcalde había acompañado a dos eventos públicos a Vargas Lleras cuando este era candidato presidencial. Aunque después fue absuelto, la actuación del Ministerio Público en ese momento lo ponía en la mira y amenazaba con meterle freno a sus ambiciones políticas.

Por otro lado estaba Fuad, a punto de entrar en una pelea pública por el ascenso a la primera división del fútbol de otro equipo de Barranquilla que llegaba a competirle al Junior por la afición y por la atención mediática. Se trataba de Uniautónoma Fútbol Club, que había nacido años atrás con impulso de la cuestionada exrectora de la Universidad Autónoma del Caribe, Silvia Gette.[56] Las reglas de la División Mayor del fútbol colombiano establecían que cuando un equipo profesional llegaba a una ciudad que ya era sede de otro equipo, el más antiguo tenía que darle el beneplácito para poder jugar allí. Pero el Don duró varias semanas poniendo condiciones antes de dar el permiso para que Uniautónoma jugara en los terrenos del Junior, un asunto por el que quedó en evidencia y en medios locales y redes sociales fue señalado de prepotente y de pensar en sus intereses antes que en los de la ciudad.

En 2013, el apellido Char también ocupó titulares por cuenta de un asesinato. La madrugada entre el domingo primero y el lunes 2 de septiembre de ese año, en un edificio al norte de Bogotá, un vecino acuchilló y lanzó por una ventana a otro que había llegado a reclamarle por el elevado volumen de la música. La noticia generó conmoción, y el seguimiento

---

56 Está condenada por abuso de confianza calificado y agravado.

al caso se volvió tema obligado de noticieros y periódicos por varias semanas. El horror colectivo se sintió aún más cuando se conoció la imagen del asesino: un tipo de aspecto descuidado, con su barba y sus cabellos crespos largos sucios, y la mirada perdida. Los medios enseguida informaron que era un adicto a las drogas, que solía lanzar alaridos en su apartamento y tenía atemorizados a varios residentes hace rato. El hombre, condenado luego a diecisiete años de cárcel, y a pagar más de mil millones de pesos a los familiares de la víctima, era ingeniero electrónico y en esos días tenía treinta y nueve años. Su nombre: David Emmanuel Manotas Char, hijo de María Inmaculada Char Abdala, la única mujer entre los hermanos Char Abdala. Para describir su procedencia, en aquel momento en la prensa se refirieron a él como perteneciente a «una de las familias más reconocidas» de Barranquilla sin que muchos especificaran a cuál. Aun con esa discreción, el asunto se convirtió en una mancha al honor de la familia, que Fuad Char, tío de David, tanto protege.

Para rematar aquellas horas revueltas, fue por esos meses que el exrepresentante soledeño Jaime Cervantes Varelo terminó condenado en la Corte Suprema de Justicia por haberse aliado a mediados de 2000 con el frente José Pablo Díaz de las Autodefensas para robarse la contratación pública de su municipio. Aunque tenía cuadros políticos propios en Soledad, Cervantes se había elegido a la Cámara por el Atlántico en 2010 con aval de Cambio Radical y en alianza con los Char. Su caída menguaba la fuerza política del clan y aporreaba en imagen aún más a Cambio Radical, que entonces tenía ya bien ganada su fama de partido de puertas abiertas para políticos cuestionados. Por ejemplo, en las elecciones regionales de 2011 avalaron a Juan Francisco Kiko Gómez Cerchar, el tristemente célebre exgobernador de La Guajira, quien resultó siendo un asesino aliado de grupos criminales.

De hecho, Cambio Radical amenazaba con desaparecer. Tras la desbandada de varias figuras que no quisieron irse del lado de Uribe, la colectividad no contaba con suficientes pesos pesados para jugar en las elecciones al Congreso. Se temía que no alcanzara el umbral de votos exigido por la ley para mantener su personería jurídica y seguir existiendo. Con el barco en dirección al iceberg, varios congresistas vargasllleristas habían comenzado a explorar en secreto con los liberales y con La U la posibilidad de que allá los recibieran, en caso de que se optara por liquidar el partido. Además de eso, el propio Vargas estaba decidido a emplearse ese año electoral 2014 prioritariamente en la reelección de Santos (y en su elección vicepresidencial), y advirtió a sus copartidarios que no se metería a armar las listas de las legislativas.

Así las cosas, el llamado «jefe natural» de Cambio Radical terminó apelando al as bajo la manga al que en aquella época recurría, cuando necesitaba sanear algún problema de imagen y ondear la bandera del voto de opinión: Carlos Fernando Galán, el heredero galanista de integridad probada, al que esa vez Vargas le pidió presidir el partido, depurar las listas de candidatos al Congreso e inscribirse él mismo como candidato, para darle fuerza a la lista de Senado. El nombramiento de Galán como cabeza formal de Cambio, sobre todo, buscaba enviar a la opinión pública el mensaje de que el partido estaba comprometido con no seguir entregando avales a personajes cuestionados en las regiones, aunque no fuera así en la realidad.

A los pocos días de eso, Fuad Char anunciaba en Barranquilla su retiro definitivo y el regreso de Arturo Char como heredero de la curul familiar en el Senado por Cambio Radical, en rueda de prensa encabezada por él y por Galán. «Tengo setenta años y ya mi fuerza física no es la misma, seguiré tras bambalinas ahora apoyando a mi hijo Arturo», dijo el patriarca en el acto que bien podría haberse titulado: la coronación del rey Arturo. El menor de los Char Chaljub recibía la posta del papá y volvía al campo de juego, después de un primer periodo como senador en 2006, del que había salido diciendo a sus allegados que la política lo aburría, que lo suyo era la música y que necesitaba un año sabático fuera del país.

Aquel 2014 de elecciones legislativas y presidenciales, el heredero Char salió elegido con poco más de cien mil apoyos con los que se convirtió en el senador más votado de su partido, que alcanzó el umbral en buena parte gracias a la fuerza electoral charista. El clan, además, se quedó con uno de los siete cupos a la Cámara del departamento del Atlántico, en cabeza de Luis Eduardo «Lucho» Díaz Granados.

Pero esa no fue la noticia. Con ese resultado, el poder del grupo en el Congreso se mantenía igual que en periodos anteriores. La noticia, la mejor noticia para ellos, fue la llegada de Germán Vargas Lleras a la Casa de Nariño como vicepresidente de la República, una victoria que, a esas alturas, también era de los Char. Después de traicionar al uribismo que lo eligió en 2010, Juan Manuel Santos había sido reelegido en fórmula con Vargas, en unos comicios que casi pierden frente al exministro Óscar Iván Zuluaga, candidato de Uribe. Pese a que el Gobierno Santos contaba con una coalición, llamada Unidad Nacional, en la que estaban las maquinarias más poderosas del país, Zuluaga llegó a sacar en la primera vuelta más votos que el presidente.[57] Para la segunda, el mandatario logró remontar y ganar con novecientos mil respaldos de ventaja, por una mezcla entre la centro izquierda que le votó en apoyo al proceso de paz que comenzaba con las Farc, el antiuribismo, la noticia de la captura de un *hacker* en la campaña de Zuluaga y las estructuras de los políticos tradicionales.

Esas estructuras o maquinarias fueron definitivas en el Caribe, la región que determinó el triunfo de Santos y Vargas, cuya votación aumentó allí un millón de votos entre una vuelta electoral y la otra. Los grupos tradicionales no se habían movido en la primera vuelta. En parte, porque la campaña santista no les giró los recursos necesarios para activar a sus clientelas y también porque Santos intentó darles a

---

57 En julio de 2023, la Fiscalía imputó seis delitos a Óscar Iván Zuluaga (y uno a su hijo David, quien fue gerente de su campaña presidencial), relacionados con la presunta financiación ilegal a su campaña en 2014 por parte de la corrupta multinacional Odebrecht.

muchos caciques el tratamiento de «tinieblos»[58] y no de aliados visibles, y eso no les gustó a algunos que esperaban montarse en tarima con el presidente. Para la segunda vuelta, la campaña tuvo como punta de lanza en la región a Germán Vargas, quien viajó a hablar con congresistas y mandatarios para garantizar los apoyos de sus cuadros.

Los políticos tradicionales decían, básicamente, que necesitaban plata para poder ponerles los votos de la segunda vuelta a Santos y a Vargas. Pedían mínimo que les garantizaran para «la logística», que es como en las maquinarias se les dice al transporte y al refrigerio que se les da a los votantes el día de las elecciones. De todos los departamentos del Caribe, el respaldo más arrollador y atípico se vio en el Atlántico, en donde la fórmula Santos-Vargas sacó medio millón largo de votos. Allí, entre primera y segunda vuelta la abstención se redujo del setenta y seis al cuarenta y nueve por ciento y la votación total creció un increíble setenta por ciento, frente al dieciséis por ciento del promedio nacional. El proyecto santista no solo ganó en los veintitrés municipios, sino que en algunos obtuvo más del noventa por ciento de los votos totales.

En el Atlántico que le dio la victoria a Santos se movieron sectores progresistas y espontáneos. Sin embargo, las llamativas cuentas de la segunda vuelta encuentran explicación sobre todo en el apoyo activo que dieron al santismo las poderosas estructuras de nueve de los diez senadores electos que tenían los atlanticenses en ese momento.

Esos nueve congresistas eran todos aliados del Gobierno Santos (el décimo era el uribista Jaime Amín). Administraban maquinarias que movían votos y el día de la segunda vuelta las echaron a andar, organizando y facilitando transporte para sus votantes. No era un caudal pequeño de apoyos. Varios de ellos —como José David Name, de La U; Arturo Char, de Cambio Radical; y los conservadores Roberto Gerlein, Efraín Cepeda y Laureano Acuña, conocido como «el Gato

---

58 Así lo conté en la historia: «Los tinieblos de Santos», en mayo de 2014 en *La Silla Vacía*.

volador»— tenían la particularidad de estar entre los más votados de sus respectivos partidos a nivel nacional.

Tres años después, cuando la Fiscalía General reveló las sospechas de que plata de la corrupta multinacional brasileña Odebrecht habría podido entrar ilegalmente a esas presidenciales, duré varias semanas investigando el origen del dinero que se vio correr en el Caribe en aquella segunda vuelta, puntualmente sobre la campaña de Santos, que había sido el ganador. Hablé con políticos, congresistas, excongresistas, mandatarios locales, exmandatarios locales, con empresarios y con personas que trabajaron o estuvieron cerca del proyecto electoral de Santos en la región.

La conclusión de esas versiones, publicada en un reportaje de *La Silla Vacía* titulado «La plata que se movió alrededor de la campaña Santos 2014», fue que la reelección santista se financió con ríos de billetes que aportaron políticos y contratistas en efectivo, y que circuló entre algunos congresistas de la Unidad Nacional sin ser nunca reportado oficialmente.

EL ESLABÓN ENTRE ÁLEX CHAR Y ODEBRECHT

Por la época de esas elecciones, y aún en medio de los desafíos que enfrentaba en su camino en lo público, Álex Char daba plenas muestras del comportamiento que le granjeó la fama que tiene en Barranquilla de parrandero incansable. La de los Char es, en general, una familia musical. Muchos de sus miembros tocan instrumentos y cantan en los clubes sociales y las fiestas familiares. Algunos lo han hecho incluso profesionalmente. Acaso el más destacable sea el fallecido Farid Char Abdala, quien llegó a grabar varios discos, entre ellos uno junto a Nelson Pinedo en homenaje al maestro Pacho Galán. O quizás Mike Char Abdala, el hermano de Fuad, quien se encargó de las emisoras y se hizo famoso por ser la voz de las mejores placas picoteras (frases sonoras con las que se promociona e identifica un picó) y es autor de canciones tan importantes como 'Confundido', que canta Joe Arroyo. Fuad Char

Abdala entona en reuniones boleros que nadie más se sabe, y en sus festejos de juventud más memorables mandaba a buscar desde Cartagena a Sofronín Martínez, el bolerista de Pasacaballos, nada más que por el placer de oírlo en vivo un rato y hacer dúo con él. En sus tiempos de mayor ímpetu, Arturo Char Chaljub grabó en Santo Domingo tres canciones con Fernando Echavarría, el líder de la agrupación dominicana La Familia André. Álex Char Chaljub toca percusión y a veces se toma el micrófono con alguna canción en una fiesta. Es un reconocido fanático de Los Van Van de Cuba, al punto de que los tuvo de invitados en su casa e impulsó su difusión en Barranquilla. Sus rumbas, sin embargo, más que para gozar del canto, son descritas como las de un discotequero resistente para el baile y de gran gusto por el trago. Son varias las historias que corren en la ciudad de gente que compartió con él o lo vio un día tomando y bailando, hasta las y tantas de la madrugada, en Rico Melao, en La Troja de la 44 o en La Estación de la 8, tres de sus bares favoritos.

En ese año 2014 electoral, uno de sus compañeros predilectos de parranda, uno que casi siempre veían a su lado en eventos sociales, era su amigo Javier Mauricio Torres Vergara. Se trata de un ingeniero civil, miembro de la clase alta barranquillera, tan cercano a Char que sus esposas también eran mejores amigas y años más tarde terminaron de comadres. En ese tiempo, se les veía a los cuatro por todos lados y en toda ocasión. En cumpleaños, en bautizos, en Navidad. «El uña y mugre de Álex», describió un conocido de ambos al Torres de esa época.

Torres Vergara había tenido una palomita de seis meses en el Congreso, entre 2002 y 2003, como reemplazo de Jaime Cervantes Varelo, el político aliado de los Char al que la Corte Suprema condenó en 2013 por sus relaciones con el paramilitarismo. Pero en los círculos sociales de la ciudad, el compañero de fiesta de Char era reconocido principalmente por hacer parte junto a su padre, el constructor Sergio Torres Reátiga, de la lista de grandes contratistas públicos del distrito, con una empresa familiar llamada Construcción e Inversiones Beta.

El 28 de noviembre de 2014, un consorcio encabezado por Javier Torres Vergara le recibió a Odebrecht casi 9 400 millones de pesos, como anticipo de un contrato de obra. La concesionaria Ruta del Sol (de Odebrecht) había subcontratado al consorcio Torrosa (de Torres) por diez meses para hacer unos puentes y un drenaje que hacían parte de los trabajos que el Estado colombiano adjudicó a la multinacional brasileña. El consorcio Torrosa estaba conformado por las empresas Inventor Colombia S.A.S. e Inversiones Torrosa S.A.S., ambas propiedad de Javier Torres y de su esposa María Teresa Rosales. Y también por BF Construye S.A.S., una empresa representada por un ingeniero llamado Francisco Dugand González, quien se volvió megacontratista de Barranquilla en la segunda Alcaldía de Álex Char.

Cuando el amigo de fiestas de Char recibió la plata de Odebrecht habían pasado cinco meses desde la segunda vuelta presidencial, que Juan Manuel Santos ganó con ayuda determinante de los políticos del Atlántico. Y Álex Char se alistaba para su campaña de reelección como alcalde en 2015.

Tres años después de haber sido celebrado, aquel contrato salió a la luz de la opinión pública. Exactamente en 2017, cuando los expresidentes Andrés Pastrana y Álvaro Uribe mencionaron al consorcio Torrosa como posible miembro del entramado corrupto de Odebrecht en Colombia.

En una carta[59] en la que Pastrana y Uribe pidieron a la Fiscalía, a la Procuraduría, a la Corte Suprema y a la Comisión de Acusación de la Cámara investigar la supuesta entrada ilegal de dineros de la brasileña a la campaña de Santos, solicitaron puntualmente indagar si Torrosa recibió de Odebrecht 9 178 millones de pesos «por un supuesto acuerdo de mercado para participar en proyectos de la Costa».

---

59 *El Espectador*, «Uribe y Pastrana piden investigar supuestos pagos de Odebrecht a la campaña de Santos», 24 de agosto de 2017.

Meses más tarde de aquella primera referencia, Gustavo Petro, que es la antítesis de Pastrana y Uribe, volvió a poner el foco sobre el consorcio Torrosa. Lo hizo tras revelar unos documentos que antes de morir en extrañas circunstancias le envió el *controller* (supervisor) de Ruta del Sol II, el ingeniero civil Jorge Enrique Pizano. Según dijo Petro en ese momento, Torrosa realizó una obra en Barranquilla con maquinaria de Consol (Consorcio Constructor Ruta del Sol) y parte del dinero de los trabajos se usó supuestamente para pagar sobornos en la ciudad.

La Fiscalía encontró información contractual relacionada con el consorcio Torrosa en una inspección que hizo, en julio de 2017, a las instalaciones de Consol en el sector de Lizama (Santander). En 2018, el ente acusador citó a interrogatorio a Javier Torres Vergara. En esa diligencia, el amigo de Álex Char reconoció haber celebrado el subcontrato de obra número EPC-SC-430/2014 con la concesionaria Ruta del Sol II, y aseguró que la plata que recibió fue invertida con empresas privadas en proyectos de agroindustria, palma africana, cacao y finca raíz. El dinero, afirmó Torres, se trasladó a través de títulos valores (cheques) expedidos por la cuenta del consorcio Torrosa. Esos datos los obtuve de un documento interno de la Fiscalía.

Al año siguiente de su interrogatorio, Javier Torres fue citado a audiencia de imputación de cargos por el delito de enriquecimiento ilícito. La Fiscalía dijo que el empresario había suscrito un contrato falso, para obras que no se hicieron pero sí se pagaron. Aunque Torres no aceptó darme su versión para esta investigación, en 2019 su abogado, Iván Cancino (que es el mismo abogado de los Char), me había explicado que su cliente no aceptaría cargos y que la defensa sostendría que la plata recibida no fue para temas de corrupción ni de campañas, sino que se trató de un negocio entre privados en el que no se cometió ningún ilícito.

Pero la audiencia de imputación de cargos nunca se llevó a cabo. Durante tres años se programó y aplazó, a veces por petición de la defensa y a veces por solicitud de la propia Fiscalía. Finalmente, en 2022, el ente acusador canceló el llamado y archivó el caso.[60]

Para este libro, encontré que no fue uno, sino que fueron dos los contratos celebrados por Javier Torres con Odebrecht que fueron investigados por la justicia. El 7 de septiembre de 2015, fue suscrito el contrato número 042 para obras de dragado entre Inversiones Torrosa y Navelena, la fallida sociedad entre Odebrecht y Valorcon (la compañía que ha estado en cabeza del contratista Julio Gerlein) que en 2014 se ganó el proyecto para recuperar la navegabilidad del río Magdalena. A mediados de 2021, una Fiscalía adscrita al Grupo de Tareas Especiales para el caso Odebrecht solicitó dentro de una inspección obtener copia de dicho documento, incluyendo los soportes de ejecución de la obra contratada y de los pagos realizados a Torrosa.

Un investigador de la Fiscalía me comentó extraoficialmente que una de las líneas de investigación que seguía esa entidad en el caso de Torres Vergara era, justamente, si sus relaciones contractuales con Odebrecht habían tenido que ver con posibles coimas entregadas por esa multinacional para obtener el contrato de Navelena. El llamado a imputación de cargos al empresario barranquillero se volvió comidilla en los altos círculos sociales de la ciudad y, en su momento, generó la pregunta adicional de si su caso terminaría salpicando a su amigo Char, debido a la cercanía entre ambos.

El nombre de Alejando Char en el caso Odebrecht lo encontré en otro documento del proceso de la firma brasileña. Está en el

---

60 El 24 de febrero de 2023, solicité a la Fiscalía copia de la decisión por la cual fue repentinamente cancelado el llamado a imputación de Javier Torres Vergara. La entidad se negó a entregar la información argumentando que esta tenía reserva. Frente al silencio y la opacidad de la Fiscalía, interpuse una acción de tutela para que fuera amparado mi derecho fundamental de petición, pero los jueces de ambas instancias consideraron que la Fiscalía sí había contestado mi solicitud.

testimonio que el 23 de enero de 2020 rindió Yesid Augusto Arocha Alarcón, representante legal de Odebrecht en Colombia entre 2010 y 2017; es decir, durante un periodo que abarca varios de los años en que la multinacional repartió coimas a diversos personajes para obtener contratos en el país, según lo comprobó la justicia colombiana. Desde São Paulo y ante la Fiscalía de Colombia y el Ministerio Público de Brasil, Arocha se refirió entre muchos temas al contrato que obtuvo Navelena con el Estado para las obras del río Magdalena. Aunque ese negocio se lo ganó Odebrecht junto a Valorcon, Yesid Arocha reveló que los brasileños inicialmente tuvieron planes de presentarse en sociedad con Char y con Christian Daes. Y que incluso llegaron a suscribir un compromiso por escrito con ellos. «Se conformó un grupo que también tuvo su memorando de entendimiento, o su acuerdo inicial, que estaba conformado por Tecnoglass, la firma de Christian Daes de Barranquilla; la constructora de Alejandro Char, Valorcon, que es de Julio Gerlein; Odebrecht con su participación mayoritaria, y ellos, cada uno de ellos, con una participación del diez por ciento. Posteriormente, Martorelli [Eleuberto Martorelli era el presidente de Odebrecht en Colombia] negoció, hizo un acuerdo comercial, que contemplaba la salida de Tecnoglass y de Alejandro Char. Los términos de ese acuerdo ahí sí no los conozco, porque eso fue una negociación directa entre Martorelli y ellos dos. No sé si como contraprestación qué pasaría o qué ocurriría con ellos, porque ese documento no me pidieron a mí que lo elaborara, y quedó el consorcio exclusivamente conformado por Odebrecht y Valorcon, solo que Valorcon aumentó su participación al trece por ciento. Valorcon es de Julio Gerlein, y finalmente ese fue el consorcio que participó en la licitación y que fue el consorcio que se ganó la licitación».

Esas fueron las palabras textuales de Arocha en su declaración, en la que además resaltó que no le constaba que en el trámite que describe se hubiera presentado alguna irregularidad: «Lo único que yo puedo aportar en este caso de Navelena es eso, el de que existió un acuerdo comercial con Char y con Christian Daes, para que salieran del eventual consorcio y no participaran en la licitación. Los términos de ese acuerdo, vuelvo y repito, yo no tengo nada que aportar ni sé».

Aunque es cierto que ni Álex Char ni Christian Daes tienen abierto proceso alguno por Odebrecht, y ni siquiera se conoce una prueba que los implique directamente en ese caso, lo afirmado por Yesid Arocha evidenciaría que al menos tuvieron interés en el millonario negocio de Navelena, que a su vez luego subcontrató al mejor amigo de Char.

Incluso habiendo sido archivada la investigación judicial, la vinculación de Javier Mauricio Torres Vergara con la multinacional brasileña constituye, en términos periodísticos, un llamativo rompecabezas con varias fichas. Para empezar, los dos contratos de Torrosa coinciden con la época en la que Odebrecht estaba repartiendo algunas de las coimas que pactó en Colombia para lograr que el Gobierno Santos le adicionara una obra por 1,6 billones de pesos (la famosa vía Ocaña-Gamarra) a su concesión Ruta del Sol II. Esas coimas se entregaron entre 2014 y 2015, como consta en la sentencia[61] contra Bernardo el Ñoño Elías, el exsenador cordobés condenado por ser uno de los políticos destinatarios de las mordidas.

Segundo, Inversiones Torrosa está en el listado[62] que el fallecido Jorge Enrique Pizano entregó de empresas a las que Odebrecht les hizo pagos millonarios, sin que existiera evidencia de las labores realizadas. Y uno de los *modus operandi* que la brasileña usó para entregar sus sobornos fue, precisamente, simular contratos con compañías que no ejecutaban ningún servicio, pero sí lo cobraban, para así hacer llegar la plata a los políticos, funcionarios y demás personajes involucrados en su red de corrupción.

61 Corte Suprema de Justicia, 29 de julio de 2021.

62 Se puede revisar en la historia «La fábrica de los contratos "chimbos", según los testigos», de *Semana*, publicada en diciembre de 2018.

El Ñoño Elías, quien fue punta de lanza de la reelección santista en su departamento, y recibió el billete de las coimas a través de empresas de conocidos suyos que se prestaron para hacer los contratos ficticios, le dijo a la Corte Suprema que parte de esos recursos los invirtió en las campañas a Congreso y Presidencia de 2014 y en las regionales de 2015.

Sin embargo, tal y como ha pasado con prácticamente todo el capítulo criminal de Odebrecht en Colombia, a 2023 la justicia sigue sin armar completo este rompecabezas para aclarar del todo el asunto y, sobre todo, quiénes fueron las cabezas.

Respecto a las campañas presidenciales de 2014, el Consejo Nacional Electoral (CNE), un organismo cuyos miembros son postulados por los partidos y elegidos por los congresistas, archivó las indagaciones que en su momento abrió por la posible entrada de plata de Odebrecht, tanto a la campaña de Santos como a la del uribista Óscar Iván Zuluaga. En ambos casos, dijo que no existe ninguna prueba que demuestre la entrada irregular de recursos. El mismo día del archivo del caso en el CNE, a Santos[63] también le fueron archivadas las pesquisas que por las mismas sospechas realizaba a su campaña la Comisión de Investigación y Acusación de la Cámara de Representantes.

Como constancia para la Historia, quedan las cartas en las que, justamente al pedir al Consejo Nacional Electoral que investigara, en el mes de julio de 2017 la Fiscalía General remite una serie de pruebas y asegura que estas le permiten concluir «certeramente» que «en relación con las campañas presidenciales 2014 y 2018, Odebrecht asumió costos relacionados con las mismas».[64]

❧

63 Juan Manuel Santos y Germán Vargas Lleras declinaron hablar para este libro.

64 León, Juanita, *La Silla Vacía*, «La "certeza" de la Fiscalía sobre Odebrecht: el castigo para Santos», 13 de julio de 2017.

Cuando Santos fue reelegido, con Germán Vargas Lleras como su vicepresidente, aún faltaba un trecho para que llegara a la agenda aquella candela llamada Odebrecht, el megaescándalo de corrupción transnacional que quemó a varios presidentes y altos funcionarios en otros países de América Latina y a unos pocos personajes en Colombia.

Tras el triunfo de la reelección, arrancó para los Char su época de mayor brillo. Es el momento en el que el clan del Atlántico se gradúa de grupo político regional más poderoso del país. Lo lograron de la mano de Santos y de Vargas, los dirigentes de la élite del centro que les pusieron la gasolina para que pudieran lograr lo que después lograron.

La gasolina con la que anda una maquinaria política, aparte de la plata, son los puestos. El acceso a lo público, a los recursos, al timón de mando; la capacidad de hacer favores y generar simpatías y deudas, que luego se pueden traducir en votos.

Con Santos y Vargas, los Char se convirtieron en la única maquinaria de Colombia en manejar burocráticamente un ministerio propio desde la cabeza. Arrancaron ese segundo tiempo santista con el de Vivienda, en donde fue nombrada como ministra Natalia Abello, una abogada barranquillera poco conocida a nivel nacional que venía de ser la secretaria general de la Alcaldía charista de Elsa Noguera.

Concentrado en esa montaña empinada que era tratar de hacer la paz con las FARC, el presidente delegó a su vicepresidente la coordinación de los proyectos de infraestructura y desarrollo de interés nacional y el manejo de ese ministerio y del de Transporte. Con el cetro de semejante poder en la mano, Vargas, a su vez, decidió darles todo el juego a sus socios costeños.

En una reunión privada, el vicepresidente llegó incluso a proponerle a Álex Char que desistiera de su idea de reelegirse como alcalde de Barranquilla en las regionales de 2015, y mejor aceptara convertirse en ministro de Estado.

Vargas les ofrecía a los Char cargos incluso antes de que Fuad, Álex o Arturo alzaran la mano. Los líderes del clan gozaban de libertad para pedir espacios y ayudas en los ministerios de Vivienda y Transporte, y sus entidades adscritas, sin ningún problema. «Por ejemplo, llamaban porque un alcalde de ellos necesitaba desenredar algún proyecto de agua, por decir algo, y lo que pedían se cumplía, uno sabía que esta era su casa», como detalla un alto exfuncionario del Gobierno Santos, quien accedió a que incluyera la cita con la condición de que no lo mencionara con su nombre para evitarse líos. No llamaba ninguno de los tres directamente. El enlace para esas vueltas burocráticas era un asesor de confianza de los Char llamado Jorge Sánchez.

La amplitud vicepresidencial con los barranquilleros generó muy temprano quejas en otros sectores de la agrupación política Cambio Radical, como los grupos de los entonces congresistas Carlos Motoa, del Valle, y Jorge Rey, de Cundinamarca; algunos criticaban aquellos privilegios y decían que Vargas estaba poniendo a los Char por encima del resto en el partido.

Era verdad. Vargas estaba pensando en su campaña para 2018. Arrancó la siembra cuarenta y ocho meses antes, consintiendo al sostén de su proyecto en el Caribe. Y con los superpoderes que le entregó Santos, potenció la estrategia demostrando que era capaz de ejecutar y producir resultados. Se convirtió en la locomotora de la infraestructura, la vivienda y el agua que estuvo a cargo de 7,6 billones de pesos para acueductos y alcantarillados en todo el país; y de 4,4 billones de pesos que el Gobierno destinó para hacer 101 335 casas gratis, sin ruidos de corrupción o irregularidades.

El vicepresidente se metió en todos esos procesos de principio a fin. Se recorrió el país de arriba a abajo. Anunció licitaciones, puso primeras piedras, inauguró obras. Se reunió con mandatarios locales, con constructores, con proveedores de materiales, con bancos. Con su personalidad propensa a los gritos y a los madrazos, regañó a todo el mundo. Con su estilo de microgerente, estuvo encima hasta de la última carta y el más mínimo reporte. Le interesaba también conocer más aliados y hacer méritos para que votaran por él.

Mientras, en Barranquilla, los Char correspondían a sus gentilezas clientelistas alistando una colonización electoral por todo el Caribe, que les asegurara las maquinarias en una región que acababa de demostrar que podía definir la Presidencia.

La cuestión no era menor, además, teniendo en cuenta que, con los mismos años de anticipación con los que Vargas estaba comenzando a alistar su campaña presidencial, los partidos de la Unidad Nacional le habían anunciado que no pensaban llevarlo como candidato. Especialmente en el Partido de La U, los congresistas expresaban su molestia al Gobierno por la repartija burocrática que Santos le había concedido a Cambio Radical, que contaba con menos senadores, es decir, con menos votos.

Aunque tenían políticos admiradores y amigos por todos lados, en términos electorales hasta ese momento la casa tiburón contaba, como muchas otras, con poder efectivo en su departamento y apenas dos curules en el Congreso. Su empresa, entonces, se volvió la de ayudar a poner mandatarios locales aliados con otras estructuras por fuera del Atlántico en las regionales de 2015 para apostar, con ese capital político, a lograr una gruesa bancada propia en las legislativas de 2018.

EL TODO VALE POR EL CARIBE CON ONEIDA Y COMPAÑÍA

En su juego de tronos tropical, los Char pasaron por toda la región Caribe. Subieron a la península de La Guajira para sellar una alianza con Oneida Pinto, la candidata a la Gobernación que iba apoyada por la estructura política que había llevado al poder al criminal Kiko Gómez. De ahí, bajaron hasta el Cesar, en donde Cambio Radical se montó al bus del a la postre gobernador Franco Ovalle, quien llegó con aval de La U y respaldo de la casa Gnecco, reconocida por tener entre sus líderes a varios condenados y señalados de estar relacionados con la llegada del paramilitarismo a ese departamento.

Luego, volvieron a arrimarse al mar, a Santa Marta, para concretar sociedad política con la casa de los Cotes, que esa vez alcanzó la

Gobernación del Magdalena en cabeza de Rosa Cotes Vives. El esposo de la mandataria, José Francisco Chico Zúñiga, había reconocido ante la justicia en 2009 que llegó a la Alcaldía samaria con la ayuda de los paramilitares.

Siguieron hacia Bolívar. Allá, en Cartagena, respaldaron sin éxito al exconcejal que iba oficialmente con aval conservador Antonio Quinto Guerra Varela, uno de los símbolos del clientelismo en esa ciudad. Y, en Magangué, se unieron al aspirante que efectivamente quedó de alcalde: un empresario de ascendencia siria llamado Pedro Alí, quien, aunque contaba con grupo propio, también tenía el apoyo de gente de la estructura política de Enilce López «La Gata», condenada por asesinato y nexos con los paramilitares.

En Sucre convirtieron al charismo al otrora senador liberal Mario Fernández Alcocer, y se juntaron con él y con el grupo del parapolítico Álvaro el Gordo García, para apoyar a Édgar Martínez, el mandatario que derrotó al cuestionado cacique sucreño Yahir Acuña.

Y al lado, en Córdoba, para competir por la Gobernación avalaron a Carlos Gómez Espitia, el candidato que para esas regionales llevaba el grupo del saliente mandatario Alejandro Lyons Muskus, de quien después se supo judicialmente que en su mandato se robó los recursos de la salud de los cordobeses.

Fuad Char, Arturo Char y Álex Char hicieron viajes individuales por la región para ir a entregar personalmente los avales de Cambio Radical a varios de estos políticos, con los que posaban orgullosos. Aunque tenía un comité central funcionando en Bogotá, ese partido había descentralizado la escogencia de sus candidatos y en el Caribe quienes decidían eran los Char. «La Selección Caribe de Álex Char», así la bautizaron algunos en redes por una foto que empezó a correr de este posando con algunos de esos aspirantes vistiendo los colores de la Selección Colombia de fútbol, el día que se jugaba un partido de eliminatorias al Mundial de Rusia 2018 en Barranquilla, semanas antes de las elecciones. Poco o nada se hablaba en medios nacionales de los polémicos padrinos y las fuerzas criminales que tenían detrás algunas de las cartas de ese proyecto al que acertadamente podríamos referirnos como el vargascharismo.

En esta etapa de expansión de los Char, Álex volvió costumbre la estrategia de *pechichar* a sus aliados de otras zonas invitándolos a exclusivos palcos en el estadio Metropolitano o en el Carnaval, ya se sabe que parte de la historia política reciente del Caribe se ha definido en acuerdos sellados a instancias de la parranda, del trago y de la bulla.

La única mujer de aquella foto, tomada en la sala de la casa de Char, era Oneida Pinto. La candidata de La Guajira aparecía en la imagen muy sonriente, ataviada con una manta wayuu amarilla, azul y roja, y una mochila terciada. Ubicado justo a su derecha, y con gafas oscuras de aviador, Álex la abrazaba.

Ese abrazo no solo era una declaración de su política sin reparos, sino también el símbolo de otra victoria más de los mandamases Char dentro del proyecto Vargas.

Resulta que Carlos Fernando Galán no quería avalar a Oneida Pinto. En reuniones internas, el director nacional de Cambio Radical expresó dudas sobre la conveniencia de que llevaran como candidata a la trabajadora social, wayuu de la casta Ipuana, a la que en su tierra llamaban «princesa negra» por ser la todopoderosa de Albania, el municipio colmado de carbón del que había sido dos veces alcaldesa.

Entonces, la futura gobernadora no era tan conocida a nivel nacional. Pero en La Guajira todo el mundo sabía bien que detrás de su aspiración estaba exactamente la misma alianza de políticos locales que había apoyado en el periodo inmediatamente anterior a Kiko Gómez, en ese momento detenido bajo las acusaciones de homicidio que después le fueron probadas.

Galán se enteró de eso y, como ya se había tenido que tomar el trago amargo de las críticas por haber sido el director del partido que en 2011 no pudo revocar el aval a Gómez, no le entusiasmaba volver a comprometer su imagen y la del legado político de su padre.

Por esos días, publiqué en *La Silla Caribe* una historia detallando los nombres del círculo kikista que rodeaba a Oneida Pinto. Se tituló «La "princesa negra" de La Guajira» e incluyó videos de Pinto haciendo campaña en tarima y bailando vallenato junto a Kiko y sus simpatizantes en 2011. La aspirante, que de hecho ya militaba en Cambio Radical pues venía de ser alcaldesa por esa colectividad, me aseguraba que no guardaba contacto alguno con el exgobernador y que jamás había ido a visitarlo a la cárcel.

Luego de eso, en una reunión del comité central de Cambio Radical, Carlos Fernando Galán propuso no avalarla hasta investigar bien su versión.

—¿Cuál es el problema con Oneida? —preguntó Fuad Char, uno de los principales miembros de dicho comité.

—Pues que hay versiones de que es la candidata de Kiko — contestó Galán.

Tres meses después de ese intercambio, el senador Arturo Char viajó a Riohacha a entregar el aval oficial de Cambio Radical a Oneida Pinto para que se postulara a la Gobernación, y a tomarse la foto con ella. La movida no fue consultada con Galán, quien terminó renunciando a su cargo de director nacional, aunque no fue sino tres años después que decidió irse definitivamente del partido, cuando este decidió apoyar al uribismo en la segunda vuelta de las presidenciales de 2018 y él ya estaba pensando en lanzarse a la Alcaldía de Bogotá.

«El señor Galán no conoce la gente de la Costa», declaró Fuad Char en los medios tras conocer la renuncia del político por el aval que le habían otorgado a la «princesa negra». Álex Char, por su parte, le envió unos mensajes por chat en los que lo acusó de ser «un cobarde» que había actuado por «miedo a los medios bogotanos».

En reemplazo de Galán, Vargas Lleras decidió que a la jefatura de su colectividad llegara el entonces representante a la Cámara por Bogotá Rodrigo Lara Restrepo (hijo del asesinado exministro de Justicia, Rodrigo Lara Bonilla), quien a los pocos días viajó a La Guajira a hacerle campaña a Oneida Pinto de la mano de los Char. Lara posó sonriente y sudado sobre un tractor al lado de la candidata y de Álex Char, y además se hizo un video que corrió por redes en el que invitaba a votar por «el cambio» en ese departamento. Días después, fue la foto de la «Selección Caribe» de alfiles, en la que Álex le da su abrazo literal a Oneida.

Oneida Pinto salió elegida con 182 000 votos, pero no duró ni seis meses de mandataria. El Consejo de Estado anuló su elección por haberse inscrito estando inhabilitada, debido a que no había renunciado al cargo de alcaldesa en el término de ley. Más allá de eso, enseguida empezó a ser investigada penalmente por amenazas y por corrupción. Antes de irse del poder, le entregó a un aliado político de Kiko Gómez la secretaría encargada de manejar los contratos de infraestructura y agua potable de La Guajira, el segundo departamento más pobre del país.

Cuando cayó en desgracia judicial y mediática, sus otrora impulsores en Bogotá se lavaron las manos frente a ella y frente a los Char. Rodrigo Lara Restrepo escribió en Twitter que cuando llegó a la dirección de Cambio Radical encontró un sistema de otorgamiento descentralizado de avales y que en La Guajira esos respaldos fueron entregados por «los responsables de la Costa Caribe». En respuesta, algunos le recordaron la foto del tractor, el video y que nunca se hubiera quejado del aval de Pinto, pese a que fue justamente esa la razón de la renuncia de su antecesor Galán. El gesto de Lara ratificó la muy usual dinámica del poder en Colombia, que consiste en que unas élites de la capital patrocinan y se juntan con fuerzas regionales muchas veces cuestionadas para servirse de sus votos y ganar elecciones. Pero, a la hora de los líos judiciales o de imagen, les dan la espalda y no se despeinan, como si no fueran dos caras de la misma moneda.

Los Char tampoco se despeinaron con lo de Oneida. Ni cuando la avalaron ni cuando fue sacada de su cargo se les rayó el teflón. Álex Char, para entonces reconocido por los medios en ese momento como el gran hacedor de la expansión regional de su casa política, fue nombrado uno de los grandes ganadores de aquellas locales, con aliados en todos los departamentos del Caribe y poder hegemónico en su sede en el Atlántico. En el camino de su cantada reelección a la Alcaldía ese año, fue considerado un candidato sin rivales. En los corrillos de la ciudad, no faltó quien comentara, medio en broma, medio en serio, que en Barranquilla no había necesidad de hacer elecciones porque la posibilidad de que ganara otro aspirante era inexistente. Char estaba tan cómodo y tan seguro, que al menos cuatro veces dejó la silla vacía en los eventos a los que lo invitaron a debatir con Rafael Sánchez Anillo, el único contrincante que lo acompañó en el tarjetón. A su gran popularidad se sumaron todos los caciques atlanticenses, quienes terminaron montados en ese barco. Incluyendo al grupo Name, el histórico rival del charismo.

Pero Álex Char no fue reelegido alcalde en 2015 únicamente por su alta simpatía o la fuerza de las estructuras de sus aliados en el Atlántico. El nuevo jefe político regional llegó también porque en la Alcaldía de la saliente mandataria Elsa Noguera les pidieron a funcionarios y contratistas conseguir votos para el candidato.

Char había informado a su grupo que su meta para reelegirse era alcanzar entre doscientos cincuenta mil y trescientos mil votos. De esa manera superaría el número de apoyos que registraron él en 2008 y Noguera en 2011, que no había pasado de doscientos veinticinco mil en ambos casos.

Desde el mes de agosto (las elecciones fueron en octubre), empezaron a ser repartidas por algunas secretarías y otras entidades del distrito unas planillas en las que cada funcionario y contratista debía anotar los datos de entre quince y treinta personas comprometidas a votar por Álex Char a la Alcaldía y por su fórmula, el liberal Eduardo Verano, a la Gobernación. Para garantizar que los datos que dieran los trabajadores fueran ciertos, en varias de esas oficinas públicas había encargados de verificar los nombres, cédulas y puestos de votación apuntados en todas las hojas.

También se hicieron reuniones de campaña a instancias de la Alcaldía. Por ejemplo, una convocada por jefes de la Secretaría de Movilidad en un sitio fuera de la entidad, a la que el personal debía llevar a sus votantes comprometidos. Las anfitrionas fueron tres mujeres con cargos de mando en Movilidad que, para no ser reconocidas y exponerse a alguna sanción por participación en política, taparon sus caras con máscaras de marimonda, el colorido disfraz orejón y de trompa larga que es símbolo del Carnaval y de Barranquilla. Todos datos que pudo confirmar con reportería la entonces periodista de *La Silla Caribe*, Tatiana Velásquez.

Esta manera de conseguir votos usando lo público en beneficio propio es otra de las prácticas comunes de las maquinarias de los políticos tradicionales. Los funcionarios no pueden intervenir en política y, aunque la ley permite que los contratistas sí lo hagan, está prohibido que sea bajo presión y que una entidad pública sea usada para hacerle campaña a alguien.

Cinco meses después de salir de la Alcaldía, Elsa Noguera asumió como nueva ministra de Vivienda de Colombia en una ceremonia llena de símbolos. Tomó posesión del cargo ante el presidente Santos, no en la Casa de Nariño, sino en Barranquilla. Fue en un evento exclusivo para ello, llevado a cabo en el terreno en el que se construían las casas de uno de los programas que manejaba la Vicepresidencia para facilitar la compra de vivienda. La acompañaron funcionarios del distrito y del departamento. Sentados entre varios invitados especiales en la tarima, Álex Char y Germán Vargas la miraban sonrientes y haciendo cara de aprobación. Al fondo, se veían varias de las retroexcavadoras de la obra.

Con la sociedad Vargas-Char, el poder central aterrizó en Barranquilla. En ocasiones, literalmente. Como esa vez, y como las veces en que, cuando necesitaban tener una reunión privada, Fuad Char enviaba a Bogotá su avión particular para que recogiera a Germán Vargas, lo llevara hasta Barranquilla y al finalizar la cita lo regresara a Bogotá. La relación amistosa era, por cierto, sobre todo entre Fuad y Germán.

Álex Char y Germán Vargas nunca han sido amigos, más allá de aliados políticos que se han necesitado mutuamente. De hecho, han tenido periodos en los que no se comunican, sino a través del Don. Dicen que a Char hijo no le cae bien el reconocido temperamento explosivo, con complejo de capataz, del ahora exvicepresidente. Vargas grita a sus empleados y a quienes no lo son. Manotea, lanza groserías, es patán. Mira por encima del hombro a la mayoría de la gente y respeta a pocos. Entre periodistas y funcionarios son famosas sus escenas. Eso sí, en el trato a Fuad Char había una total horizontalidad y hasta cierta veneración.

En aquel tiempo, Germán Vargas no solo viajaba para cumplirle citas al jefe de la casa, sino que en momentos hasta le tocaba esperarlo y acoplarse a las circunstancias de este. Por ejemplo, cuando, en plena campaña presidencial 2018, el candidato Vargas Lleras viajó a Barranquilla a un encuentro con los Char, afanado porque seguía sin superar los diez puntos en las encuestas. Fuad Char arrancó preguntándole si se acordaba de un chiste que habían oído juntos recientemente. Vargas le respondió que no y quiso entrar de una vez en el tema electoral, pero Char padre insistió amablemente y tuvieron que dedicar varios minutos a recordar la anécdota.

«Fuad era de los que Vargas miraba distinto», resume sobre esa alianza Carlos Fernando Galán.

La posesión de Elsa Noguera, una nueva ministra con sello Char en el Gobierno Santos, ocurrió dos semanas después de la celebración privada de cumpleaños en la que el alcalde Char había declarado que Germán Vargas Lleras sería el próximo presidente doliérale a quien le doliera.

Los años electorales de 2014 y 2015 habían dejado al clan listo para ir por más. Para ir por todo. Para ir por un presidente de la República propio. Para ello contaban con el socio perfecto. O eso creían.

Fue la misma época en la que Álex Char se enamoró de Aída Merlano, la talentosa líder barrial de la casa Gerlein que acababa de pasar de mochilera a desconocida congresista sorpresa con miles de votos.

Y eso pospuso los planes.

SEIS

LA EXPOSICIÓN:
«LO QUE DIGA AÍDITA»

Los candidatos ya se habían despedido desde la tarima y el ambiente en la cancha de tierra del barrio Nueva Granada, al suroccidente de Barranquilla, empezaba a parecerse más al de un estadero para cervecear que a una manifestación proselitista.

Entraba la noche —una noche, poco antes del día de las elecciones regionales de 2015— y en el lugar solo quedaban algunos líderes y adeptos de campañas a Concejo y Asamblea, que seguían acomodados en sus sillas plásticas, en pleno pos evento, haciendo análisis electorales, echando cuentos y tomando trago. Había sido una concentración en la que los aspirantes de la casa Gerlein a esas corporaciones promovieron, ante cientos de simpatizantes, sus nombres y los de sus cartas a la Alcaldía de Barranquilla y a la Gobernación del Atlántico.

En medio de la bulla por las risas y sentencias en voz alta, una voz se destacó de repente. La voz de una mujer conocida por todos. La voz de *la* mujer. La que había decidido y organizado el evento. La patrona del gerleinismo. Una voz que se oía festiva, tragueada y furiosa al mismo tiempo. Una voz que gritó:

—Barranquilla está podrida gracias a una clase mafiosa y narcotraficante, esos hijueputas acaparadores de los Char, no los podemos dejar quedarse también con la Gobernación. ¡Ellos son los ricos que se han cagado a los pobres!

Mientras, varios de los que estaban junto a ella la aplaudían, otros la escuchaban absortos y unos más se carcajeaban con las palabras que sonaban a ataque, pero también a picardía.

Ninguno, eso sí, la ignoraba. No solo por su condición de superior de los líderes y coordinadores de campaña presentes, y por la carga de combustión que traía lo que estaba diciendo. Con su cabello largo negrísimo, un cuerpo de formas generosas y una altanería en voz alta, esa mujer llevaba años acaparando la atención en los espacios políticos locales en los que tomaba parte.

Hasta ese momento, únicamente se mostraba apocada cuando la abordaba la prensa.

Con el resto, ejercía casi siempre su inminente agresividad. Entonces, se sentía dueña de un mundo en el que los demás vivían alquilados. Aunque era generosa con los vulnerables, no mostraba miedo de nadie, ni siquiera de los superpoderosos de la ciudad. En la Barranquilla política de esa época se volvieron famosos varios episodios en los que fue señalada de ejercer violencia física contra algunas personas del común cuando le llevaban la contraria.

Una mujer que era más bien una tromba.

❧

Cuando Álex Char se presentó a la reelección de alcalde, en 2015, volvió a recibir el respaldo tranquilo de los Gerlein, el clan político y empresarial que se convirtió en beneficiario de la gran contratación del distrito tras haberlo apoyado la primera vez. De casi toda la casa Gerlein, mejor dicho. La mandamás del grupo en las vueltas políticas acordó votar por él, pero, al tiempo, armó una agresiva competencia para que en esos comicios regionales el charismo no se quedara también con el puesto de gobernador.

Aída Merlano Rebolledo, la experta coordinadora de los líderes compradores de votos del gerleinismo, acababa de lograr la gesta de convertirse en congresista de la República. En las recién transcurridas elecciones legislativas de 2014, había alcanzado la mayor votación del Atlántico a la Cámara de Representantes sin tener mucho recorrido ni reconocimiento nacional como dirigente política. En cambio, contaba con toda la aprobación y el patrocinio económico del magnate y megacontratista Julio Gerlein Echeverría, de quien llevaba varios años siendo reconocida como su amante, con don de mando en la estructura política del empresario y sus hermanos, que hacía parte del Partido Conservador.

Con ese vuelo, la novata representante determinó que todo el andamiaje de concejales, diputados y mochileros que constituían la maquinaria de los Gerlein, se movería por un candidato a la Gobernación distinto a Eduardo Verano, el veterano dirigente liberal, probado en grandes batallas políticas como la Constituyente y alguna vez considerado presidenciable en su partido, que terminó de ficha del ajedrez de los Char.

Inicialmente, Álex Char quiso llevar de fórmula a la Gobernación por el liberalismo a su amigo Jaime Pumarejo, a quien más tarde puso un corto tiempo como ministro de Vivienda de Juan Manuel Santos y luego ungió como su sucesor en la Alcaldía. Pero los liberales prefirieron avalar a Verano, quien selló un pacto con Álex y, cuando ganó, efectivamente le entregó al charismo el manejo de cuatro dependencias de su Administración.[65]

En plena expansión, con apuestas electorales por todo el Caribe, los Char aspiraban a quedarse con las dos sillas del poder de su departamento. En privado, Álex Char decía sobre la campaña de Verano que se había echado «ese muerto al hombro», en referencia a la alianza. Así es que ir en contra del aspirante rojo era ir en contra de los intereses del clan de los tiburones.

Para enfrentarlos por la Gobernación, Aída Merlano decidió apostarle a Alfredo Varela de la Rosa, un joven político que llevaba dos periodos en el Concejo con aval de Cambio Radical y era conocido

---

65 Educación, Interior, Cultura y la presidencia de la Junta especial Ciudadela Universitaria.

localmente, sobre todo, por haber ganado en 2006 un *reality* de *Caracol Televisión* y por ser el marido de la popular conductora de programas Rochi Stevenson. Su padre, Ricardo Varela Consuegra, llegó a ser senador suplente de Fuad Char en Voluntad Popular, pero el heredero Varela movía su carrera en lo electoral presentándose como una cara alternativa, aunque no opositora a los Char. De hecho, como concejal Alfredo hacía parte de la coalición del charismo. En el camino de lanzarse esa vez, renunció al partido de Vargas Lleras y tocó la puerta de la Alianza Verde, que lo avaló en cabeza de los entonces congresistas Claudia López y Antonio Navarro. Los dos estuvieron en Barranquilla haciéndole campaña.[66]

Aída Merlano había conocido a Alfredo Varela a través de un tío de este, llamado Eduardo Varela, quien era el gerente de la concesión de grúas de la ciudad y le habló a la política sobre la campaña. Ella buscó al candidato y decidió montarse a su barco animada por varias encuestas que lo mostraban arriba de Verano, y convencida de que, con su inédito éxito al Congreso, y todo el poder que cada vez más detentaba como jefa de su clan, tenía para poner un gobernador por encima del grupo más poderoso de la región. El longevo senador conservador Roberto Gerlein Echeverría, hermano de Julio y figura estandarte de los Gerlein que estaba *ad portas* del retiro, estuvo de acuerdo en respaldarlo, tras una visita privada de presentación de respetos que hizo Varela a casa del congresista.

Merlano se empleó como ningún otro dirigente político en ayudar a elegir a Varela. Con el visto bueno de Julio Gerlein, le ofreció los votos de todos los candidatos a Concejo y Asamblea que los Gerlein llevaban en esas regionales. Y en parte gracias a la gestión de la representante se concretó la unión entre el aspirante verde y la casa que históricamente ha sido rival del charismo: los Name, liderados por el senador

---

66 *El Heraldo*, «Alianza Verde se decanta por Varela a la Gobernación», 19 de junio de 2015.

del Partido de La U José David Name. De hecho, dos meses antes de las elecciones, La U también terminó dándole su aval oficial a esa candidatura junto a la Alianza Verde.

La mujer, que hasta ese momento ni sonaba ni tronaba en la prensa local, empezó a aparecer entonces como punta de lanza en eventos de la campaña y responsable de los grandes golpes mediáticos que dio Varela.

Por orden de Aída Merlano, en las calles de Barranquilla comenzaron a circular vallas rodantes y a ser repartidos volantes con el rostro de Alfredo Varela junto al de Álex Char, como si hicieran fórmula, y la invitación a votar por ellos a Gobernación y Alcaldía, respectivamente.

En algunos casos, en la publicidad iba incluido el corazón rosado que Merlano había usado como distintivo en las elecciones legislativas y una declaración explícita suya para que quedara claro: apoya Aída Merlano.

Esa propaganda se aprovechaba de la imagen de Char, a quien, con su elección más que cantada, no le hacía falta la divulgación, y podía inducir al error de hacer pensar que el carisma también respaldaba a Varela. En ocasiones, fue entregada en eventos de campaña de Eduardo Verano por adeptos al servicio de Merlano, que llegaban a tratar de invadir el espacio y torpedear la actividad.

En redes hablaban de «campaña sucia» por parte de Varela y los Char respondieron. De manera formal, Álex Char escribió un trino recordando que su llave a la Gobernación era Verano de la Rosa y diciendo que no había autorizado el uso de su imagen en la publicidad de Alfredo Varela, a quien, en cualquier caso, le aceptaba el respaldo. En una reacción extraoficial charista, una camioneta tipo *van* salió a recorrer algunos barrios con muchachos que se detenían a romper los volantes que vieran con foto de Char y Varela, y a reemplazarlos por los de la fórmula con Verano. El líder de esa tropa era Fernando Fiorillo Zapata, un alfil del charismo que al año siguiente fue elegido contralor del distrito, con respaldo del alcalde Char y sus concejales.

La congresista Merlano también respondió. Frente a la polémica que se armó, medios locales la buscaron y, aunque poco le gustaba hablar con periodistas porque le producían nervios, declaró que lo que sucedía era que ella siempre había sido «agresiva y vehemente» en política y que consideraba que tenía la libertad de hacer campaña por los dos candidatos que le gustaban. En el apartado de lo que no se cuenta, Aída Merlano le asestó una gaznatada al charista Fiorillo, un día que se lo encontró en la *van* que circulaba despedazando la propaganda de Varela.

Aunque los Gerlein también apoyaban a Álex Char, la principal empresa electoral de la mujer que mandaba en ese grupo era Varela, y el poner gobernador de su cuerda. En varias ocasiones, promocionó esa candidatura atacando al charismo con un discurso rabioso y lleno de acusaciones, como el que pronunció en la cancha de tierra del barrio Nueva Granada, y sin importar quién pudiera oírla en una ciudad que estaba a los pies del exalcalde.

A algunos les recordaba el estilo populista y desbocado del Cura Hoyos, de quien, de hecho, ella era amiga. El candidato Alfredo Varela, quien tenía una estructura de líderes y cuadros propia, llegaba con su caravana a las reuniones que Merlano le organizaba, presentaba sus propuestas, recitaba sus arengas y se iba.

«Yo lo que percibo es que alrededor mío se fue uniendo una cantidad de gente que, simplemente, vio en mí la oportunidad de que Álex no se quedara con todo, porque entonces ya se sentía el ambiente de que los Char tenían todo. Aída me hacía reuniones y decía que a mí había que ayudarme, pero la ayuda era eso, las reuniones de los candidatos del gerleinismo, que de todas formas estaban buscando votos para ellos. Yo no la conocía a ella de antes, la conocí en esa campaña. Tú cuando eres candidato pasas más dentro de un carro, yendo de reunión en reunión, que enterándote de movidas», me dijo Varela.

Eduardo Verano resultó elegido gobernador aquel 2015 en una final de infarto, en la que le sacó menos de diez mil votos de ventaja a Varela, pero la idea que quedó en el ambiente es que casi le ganan la Gobernación a los Char.

Aun perdiendo, aquella fue la primera gran provocación política de Aída Merlano al alto poder de Barranquilla.

Aunque se pudiera codear y tuviera cierto acceso, ella estaba muy lejos de ser del corazón de los círculos de las élites tradicionales. Ella venía del barrio Buenos Aires, al suroccidente, uno de los sectores de esa ciudad de invasión, en la que varias generaciones nacieron y crecieron en casuchas, con el barro a las rodillas y un Estado que solo se hacía sentir en tiempo de elecciones: cuando los políticos llegaban cambiando tejas y ladrillos o un billete envuelto por votos.

Uno de esos políticos era Julio Gerlein Echeverría. Entre las clases altas de Barranquilla lo reconocían como el distinguido empresario que desde 1992 estaba al frente de la contratista Valorcon, pero en aquellos extramuros tantas veces olvidados sabían que, además, llevaba años siendo el comandante en jefe de una maquinaria política que iba por las barriadas pescando votaciones para sus hermanos Jorge y Roberto.

Eso lo hacía reclutando líderes y mochileros que combinaban el viejo clientelismo de los favores con la compra de votos. Ese delito había nacido con la inmersión del narcotráfico en las campañas en los noventa, y con el tránsito entre la política totalmente monopolizada por unas minorías y la elección popular de alcaldes y gobernadores. El suroccidente era la despensa de los cuadros de los Gerlein.

Allá, a principios de los ochenta, Julio Gerlein conoció a Jorge Eliécer Merlano, el padre de Aída Merlano. Ella me describió a su papá como «un loco», «un mamador de gallo», un hombre muy carismático, al que todo el mundo conocía y respetaba en su zona.

—Mi papá era jíbaro (persona que vende droga al por menor), y era muy conocido, pero era un jíbaro raro porque tenía conexiones con la Policía, no le gustaban los ladrones y le regalaba plata al que podía.

Le decían «el Olímpico». Y era tan popular que un día en el que una de las pandillas del barrio iba a atracar a Aída, de catorce años, ella mencionó quién era su padre, y el ladrón le contestó:

—¡Hombeee, ¿y qué es de la vida del Olímpico?! Vete, mamita, no te asustes, ya no te va a pasar nada, salúdamelo, dile que de parte de Puloycito, el hijo de la Puloy.

Gerlein encontró en Jorge Eliécer Merlano un tesoro de buenas relaciones con la gente. Lo cuadró para que le coordinara un grupo de mochileros y, más adelante, le dio un contrato como inspector de obra en Valorcon.

Cuando Julio Gerlein empezó a relacionarse con el Olímpico, el empresario tenía cuarenta años y Aída Merlano uno.

Le decían «Aídita». La niña que veían junto a su papá cada que había campaña en la oficina de Julio Gerlein, en la carrera 64D con 86, en donde se daban cita los mochileros y sus coordinadores o líderes (en ese momento les decían capitanes) de la casa Gerlein, para revisar las cédulas que retenían, verificar la zona de votación de la clientela y recibir la plata del transporte del día de la elección.

Ya un poco más grande, ella los observaba haciendo sus cuentas, llenando planillas, pegando calcomanías de colores sobre nombres, chuleando direcciones, y muchas veces haciendo maromas para quedarse con algún billete de más para sus bolsillos. Al patrón Julio lo recuerda como un señor gritón que humillaba a esos ayudantes.

—Yo oía cómo los gritaba y les decía «caras de mondá, pilas de verga, vayan a que su mamá se las chupe», y también me daba cuenta cómo algunos se guardaban bolsas con su billetico en los huevos o las mujeres en la panocha. Julio no los bajaba de pordioseros, menos al flaco, que era como él llamaba a mi papá.

Al flaco y a su hija los trataba con algo más de consideración. A la niña se la ponía en las piernas y decía: «Flaco, déjala aquí». Y le acariciaba el cabello y la cara. Y le preguntaba si quería flan. Ella no sabía qué era flan. Entonces, el Olímpico se había ido a trabajar a una obra de Valorcon fuera de la ciudad y volvía solo para época de elecciones. Gerlein solía trasladar a los mejores líderes de la maquinaria como obreros lejos de Barranquilla para evitar que los enamoraran otros políticos. En ese trasegar, el flaco conoció a otra señora y abandonó el hogar que tenía con Aydé María Rebolledo y dos hijos más. En casa se pasaba hambre. Por eso, desde que lo probó, Aídita moría por ir a la oficina de aquel señor bravo, solo para que este le volviera a comprar un flan en Carulla.

Cuando no había campaña y los días se ponían muy malos, Aydé, la mamá de Aída, era la que a veces se arrimaba hasta la empresa de Julio a reclamarle: «Mira, viejo hijueputa, tú te llevaste a mi marido y yo no tengo ni pa'l colegio de mis hijos». A lo que el empresario un día contestó con fastidio que listo, que él iba a ayudarle, pero que dejara el escándalo y no volviera nunca más por allí. «Manda mejor a la niña», le respondió.

Desde entonces y por un tiempo, Aída Merlano cuenta que fue todos los meses al despacho de Julio Gerlein a buscar un cheque de seis mil pesos, que luego eran descontados del sueldo al Olímpico. Pero eso en los noventa no le alcanzaba para subsistir a una mujer sola con tres niños. La madre se desesperaba y sus hijos recorrían las tiendas del barrio preguntando quién les hacía el favor de fiarles la leche y el pan del desayuno. Jorge Armando, el único varón, se pegaba a las carretas de frutas que pasaban para que lo dejaran ayudar a vender a cambio de alguna moneda o comida. Aídita, que era la menor, se dormía y soñaba que su papá, su héroe, regresaba por ella y no se volvía a ir nunca.

Llegaron unas elecciones en las que la niña fue a la reunión de los líderes en la oficina, pero ya no era una niña. Cumplió quince años y usaba minifalda. Había trabajado de mesera y de impulsadora de productos en supermercados. Por esa época, tenía ya el encanto personal que hizo que después, cuando su vida se hizo pública, hombres y mujeres comentaran sobre ella con fascinación o envidia, pero siempre con interés. No terminaba de cultivar, no obstante, la personalidad de fiera con la que más tarde saldría a arrasar el mundo de los políticos y los poderosos señores y señoras locales. «No joda, flaco, cómo está de linda la niña», recuerda ella que le oyó decir a Gerlein.

El dirigente le pidió al Olímpico que la dejara trabajar ayudando con la organización electoral del grupo. Doctorada en la materia desde la entraña de los líderes, la muchacha empezó a dar ideas que dinamizaron la máquina y redujeron el margen de pérdida de la compra de votos. Los políticos expertos calculan que este siempre es del cincuenta por ciento. Es decir que si un comprador quiere que le salgan cien votos, debe pagar doscientos. Eso debido a que, por la informalidad de la práctica, es imposible garantizar que la información de los coordinadores y mochileros sea toda cierta y que estos, a su vez, no sean engañados por gente que se compromete y recibe la plata, pero no sale a votar o en la soledad de la urna marca por otra casilla. Los mejores compradores de votos son, entonces, los que logran bajar la marca y que no se les pierdan tantos votos. Aída Merlano demostró pronto que estaba en ese grupo, en un mundo que, por supuesto, no nació con ella.

Por ejemplo, pidió hacer doble verificación sobre los números de identificación más viejos, para descartar que los líderes estuvieran pasando datos de personas fallecidas, y sugirió dejar de retener cédulas para minimizar el riesgo de líos. Años más adelante, cuando ya era patrona, exigió que parte de la zonificación se hiciera en el mismo barrio en el que residía el votante, para ahorrar plata de transporte, y fue ella la que se ideó la creación de un *software* que cruzara los datos de las planillas del grupo con las que estuvieran manejando en otras casas políticas, para chequear si alguno estaba comprometido en más de una campaña.

Gerlein no duró mucho en pasar de agarrarle la mano y preguntarle si tenía novio a darle besos y manosearla cuando se quedaban solos. «Me daba dinero todos los días, para mí era increíble ver tanta plata. Ese diciembre les compré ropa a todos en la casa y le pagué el semestre a mi hermana en la universidad. Yo lo veía como un viejo, pero también como el magnífico, el millonario que me facilitaba la vida a mí y a mi familia», recuerda ella en una de las entrevistas que me dio.

Desde entonces, aunque no en todo momento mantuvieron una relación de pareja, Julio Gerlein Echeverría nunca más salió de la vida de Aída Merlano Rebolledo.

Cuando ella se casó a los dieciocho años con su novio del barrio, estando embarazada de una niña, apareció al poco tiempo pidiéndole hacer una prueba de paternidad (Merlano no me reveló el resultado, solo me dijo que su hija es de ella) y ofreciéndole ayuda económica tras su pronto divorcio. Cuando ella se volvió a casar, en 2004, con el político que militaba en la izquierda Carlos Rojano, le ofreció a este la sombrilla del clan Gerlein que lo ayudó a convertirse en el barón conservador que más mandaba en el Concejo. Cuando ella quiso ser diputada en 2010, la patrocinó para que pudiera salir con la mayor votación en la historia de la Asamblea del Atlántico. Cuando ella renunció sin cumplir el primer periodo para lanzarse al Congreso, la convirtió en la fórmula de su hermano, el senador Roberto.

«Te voy a lanzar, para que tengas prominencia», dice ella que le anunció el hombre cuando incursionó en lo electoral. Y ella tuvo que ir al diccionario a mirar qué significaba la palabra prominencia porque no la conocía. Gerlein le decía a Merlano que tenía que dejar de ser una «burrita chiquita» para convertirse en una dama. Le compró una casa en el barrio del norte El Golf y le daba instrucciones sobre cómo ser una buena anfitriona. «Nada de ir dando besos en la mejilla, no puedes ser una mujer de barrio; cuando no entiendas algo, anota y después me preguntas», le señalaba. La enseñó a distinguir los vinos finos y qué era un cupo indicativo. También, le pedía no ir sola a reuniones políticas con otros hombres.

Julio Gerlein aparece en todos los momentos clave del camino político y personal de Aída Merlano. Un lazo amoroso y electoral que es importante contar y entender bien porque de varias maneras marcó la historia política reciente de Barranquilla.

Cuando Merlano decidió armar una competencia fuerte en contra de los Char por el poder del Gobierno departamental, pese a que estos eran aliados del clan, Gerlein también le dijo que sí.

«Lo que diga Aídita» es la frase del empresario que sus allegados cuentan le han oído decir por más de dos décadas cada vez que ella manifiesta un deseo. Candidaturas, paseos al exterior, tarjetas de crédito. Cualquier cosa. Excepto la cosa del estudio, cuando ya ella se estaba volviendo una política conocida. Merlano me contó que en 2010 se matriculó en Derecho en la Universidad Libre, pero tuvo que asistir un tiempo a escondidas de Gerlein porque él se molestaba. «Te vas a enamorar de un congresista y me vas a dejar», se quejaba el hombre.

La noche del 25 de octubre de aquellas elecciones regionales de 2015, cuando Aída Merlano estaba en su casa de El Golf llorando de rabia la derrota del candidato por el que había apostado con tanto ahínco a la Gobernación, pasó unos minutos a verla y darle ánimo Álex Char. Por esas mismas horas, el mandatario saboreaba la miel de su arrasadora reelección y del triunfo charista en el departamento con Eduardo Verano.

En sus respectivos círculos cercanos, son varios los que vieron cómo, en medio de la agitación y el trajín propio de esa campaña, Merlano y Char siempre daban con momentos para encontrarse a solas. Ese año habían comenzado una relación amorosa, extramatrimonial y secreta, a espaldas de Julio.

Se conocieron en las elecciones locales de 2007, en las que los Gerlein se subieron al bus de la Alcaldía del entonces principiante heredero de Fuad Char. Por los días en que la maquinaria gerleinista terminó la zonificación de los votantes enlistados por líderes y mochileros, coincidieron en una reunión privada en la que Julio Gerlein pidió a su principal coordinadora electoral que le explicara al candidato cómo había sido el proceso: cuántos ciudadanos estaban inscritos y comprometidos a votar por él y en qué sectores.

No se hicieron amigos esa vez ni se toparon por largo tiempo en ningún otro espacio privado. Aída Merlano aún no acumulaba suficiente poder en el clan como para ir a las citas importantes que tuvieran los Gerlein con el mandatario en aquel primer Gobierno. Tampoco asistía a las mismas reuniones sociales de la familia Char. Siempre fue más seguro encontrarla, de hecho, en el Rincón Latino bebiendo cerveza y departiendo con el Cura Hoyos que en el Country Club.

Además, a Aída Merlano le caían mal los Char.

En las siguientes elecciones regionales, las de 2011, que ya tenía asiento en la Asamblea, la diputada dio una primera pequeña muestra de resistencia abierta y antipatía a ese grupo al anunciar su voto a la Alcaldía por el exmilitante del Movimiento Ciudadano Juan García Estrada, a pesar de que los Gerlein habían pactado ir con Elsa Noguera. Aunque no le hizo campaña a García con la misma fuerza que a Varela, en una ocasión mandó a quitar un afiche de Noguera que estaba puesto en un evento en el que se encontraba; y otro día se bajó de una tarima porque se acababa de subir la candidata del charismo.

Aída Merlano y Álex Char volvieron a verse en serio hasta cuatro años después, cuando la recién elegida congresista y ya jefa en el gerleinismo comenzaba a ratificar su talante transgresor acercándose políticamente a Alfredo Varela. Se cruzaron varias veces en la oficina de Julio Gerlein y en el comando de Carlos Rojano, el exmarido de Aída que para entonces ya era el concejal más votado de la ciudad, con dominio sobre varios de sus colegas y un vuelo propio que iba más allá de los Gerlein.

Sobre el momento en que comenzaron a acercarse, Merlano recuerda que Char se presentó varias veces sin avisar a su oficina con la excusa de saludarla. Le coqueteó, la elogió por ser una mujer «de temple», le dijo que quería contarle su propuesta y la invitó a un whisky.

Al poco tiempo, fue con la representante a almorzar en Bogotá para celebrar su elección como presidenta de la Comisión Segunda de la Cámara. A la casa de Merlano empezaron a llegar con frecuencia ramos de flores y joyas caras. Álex le escribía todo el día repetidos mensajes amorosos al chat del teléfono. Pero ella no le decía Álex, como todo el mundo, sino Alejandro. Y le pedía que cuando se vieran no usara gorra ni se vistiera desordenado.

Ahí, a mediados de 2015, año electoral, comenzaron su romance.

Para la campaña local, la pareja decidió mantener su competencia por la Gobernación, con las armas de las que fue testigo la Barranquilla electoral. El mismo día de las elecciones, Merlano descubrió, por ejemplo, que los cuadros de la estructura de Carlos Rojano habían terminado votando por Eduardo Verano y no por Alfredo Varela, como ella quería. Merlano, Name y el resto de integrantes de la coalición por Varela señalaron a Rojano de traidor. Lo que ella nunca supo, o al menos no inmediatamente, es que detrás de esa volteada estuvo una movida de Álex, quien le ofreció al concejal de Gerlein hacerlo senador más adelante si esa vez ayudaba al charismo a quedarse con la silla de gobernador. Desde entonces, Rojano, el exlíder juvenil que militó en la AD-M19 y le presentó a Aída Merlano a varios de los dirigentes del Movimiento Ciudadano, rompió del todo la sociedad política que había tenido con su exmujer. Carlos Rojano se alejó del gerleinismo y se convirtió temporalmente en alfil de los Char con grupo propio.

Semanas después de aquellas locales, Aída Merlano y Álex Char se tomaron unas fotos juntos durante una velada romántica, con la que Char la sorprendió a propósito del cumpleaños de ella, que es el 21 de diciembre. El recién reelegido alcalde mandó a recoger a la congresista, quien fue trasladada con los ojos tapados al encuentro nocturno en el que brindaron con champaña, cenaron y oyeron música. Ella lucía un vestido corto vaporoso de fondo blanco, y él llevaba puesta una camisa blanca de campaña con el logo de Cambio Radical.

El lugar elegido para verse fue el tramo del malecón de la llamada Avenida del Río, que, como contratista, en 2006 Char se ganó y después cedió a los Nule, presentó retrasos y, finalmente, la Administración de Elsa Noguera inauguró en 2012. Con esa vía peatonal, la ciudad volvía por primera vez la mirada al río Magdalena, pero, como estaba rodeada de sectores deprimidos, y aún no contaba con suficientes accesos, no era costumbre que tuviese visitantes muy tarde. Era ideal para una cita romántica discreta.

El mandatario electo mandó a cerrarla y le dijo a su enamorada esa noche que se la regalaba, que le regalaba el malecón, que es el emblema del desarrollo de los gobiernos charistas y del llamado «milagro barranquillero». Entonces, ya le había obsequiado un brazalete Cartier de oro, que hacía juego con uno idéntico que empezó a usar él, y que se convirtió en un símbolo secreto de la relación. Los aros se abrían con una llave especial y, cuando todo estalló y la historia de amor terminó, Char tuvo que quitarse el suyo con una segueta.

Cuando llegó a aquella cena en el río, Merlano encontró un camino tapizado con pétalos de rosas y sonó la canción 'The Sound of Silence'.

Hello, darkness, my old friend
(Hola, oscuridad, mi vieja amiga)
I've come to talk with you again
(He venido a hablar contigo de nuevo).

De alguna manera, el clásico que Paul Simon escribió tras el asesinato de John F. Kennedy, encerrado en un baño en Queens con la luz apagada, terminó poco más de medio siglo después ambientando el romance tropical de dos superpoderosos del Caribe, bajo la luna barranquillera alumbrando las orillas del Magdalena.

Al mes siguiente, en su discurso de posesión en el barrio El Bosque, Char dijo que llegaba a su segundo mandato con el mismo entusiasmo y la misma alegría de la primera vez, y que le entregaría todo su tiempo a Barranquilla, excepto por un compromiso: debía desayunar, almorzar y cenar todos los días con sus hijos y su señora. «Porque si hay algo preciado que tiene el hombre, después que nace y antes que muere, es su tiempo, y el tiempo para la familia es un tiempo de vida, es un tiempo fundamental».

EL ENTRAMADO DE LA CONTRATACIÓN

Esa segunda Alcaldía de Char fue el periodo en el que terminó de cuajar la hegemonía política con la que el clan ha dominado en Barranquilla, con su particular mezcla de gestión pública eficiente, movidas cuestionables y precariedad democrática.

Una de las primeras actuaciones del alcalde apenas llegó fue citar a los concejales a una cabaña de playa, en el corregimiento Sabanilla de Puerto Colombia. La idea era cuadrar con ellos la coalición del Gobierno y celebrar la elección como contralor distrital de una ficha del charismo: Fernando Fiorillo Zapata, el mismo personaje que, apenas pocos meses antes, recorría las calles de la ciudad pegando afiches del mandatario al que ahora debía vigilar fiscalmente.

Profesional en Derecho, Fiorillo había trabajado en la primera Administración de Char, y tenía una reconocida cercanía con el clan. Fue escogido por el Concejo de manera unánime, después de obtener en 2015 el puntaje más alto en una prueba de méritos diseñada por la Universidad Autónoma y de que Carlos Rojano lo moviera como candidato favorito de la Alcaldía. Ese día, frente al mar, los concejales y el alcalde, junto a varios de los secretarios de despacho, festejaron la victoria con trago y con música y se prometieron trabajar juntos el resto del cuatrienio.

Desde sus primeras horas, Álex Char gozó con esa corporación, a la que también le correspondía ejercer control sobre la gestión de la autoridad distrital, de una luna miel que se mantuvo incólume todo el mandato. En su primer Gobierno, había tenido un Concejo de «angelitos» que le hicieron debates por temas como las casas de Campo Alegre y lo presionaron por puestos. Luego eso cambió radicalmente.

Fue una estrategia de poder de los Char a través de la cual el Concejo de Barranquilla pasó de estar controlado por concejales que negociaban los proyectos y el control político por burocracia, y por esa vía mantenían siempre cierta tensión con la Alcaldía, a convertirse en una entidad subalterna del alcalde.

Podría decirse que el asunto evidencia el talante de empresarios privados eficaces que tienen los Char a la hora de manejar lo público. Ellos no estaban dispuestos a desgastarse negociando cuotas o asumiendo el costo mediático de los debates, así que optaron por una fórmula distinta a la tradicional. La misma fórmula que emplearon para sellar alianzas en su colonización electoral por el Caribe: financiar políticos propios o de otras maquinarias. Esa decisión les garantizó contar con cabildantes que no hacían grandes exigencias burocráticas y tener total control sobre las secretarías y demás altos cargos del distrito.

Durante la segunda Administración de Char, en la que se entregaron los mayores contratos de obra de la historia de la ciudad, el Concejo fue especialmente clave porque buena parte de esa megacontratación que se licitó tuvo que ser autorizada por los concejales, debido a que comprometía vigencias futuras y así lo exige la ley.

En ese periodo, los veintiún concejales, incluyendo al único que tenía el partido de izquierda Polo Democrático, que se supone debía hacer oposición a una Alcaldía de Cambio Radical, le caminaron a los proyectos de Álex Char y prácticamente nunca le hicieron control. Aunque, de vez en cuando, se oían como voces disonantes la del uribista Carlos Meisel y la del liberal Ramón Ignacio Chacho Carbó, quien llegó a mitad de periodo tras haber peleado jurídicamente su elección.

En 2016, el primer año de Gobierno, la corporación aprobó un endeudamiento para contratos de obra que sumó 1,6 billones de pesos, comprometió vigencias en algunos casos hasta 2035 y dejó endeudada a Barranquilla casi hasta el tope legal del ochenta por ciento de sus ingresos. Lo hizo de manera exprés, en apenas tres meses, y de forma inusual, debido a que el mandatario se acababa de posesionar y no es común que un Concejo le apruebe a un alcalde recién llegado vigencias futuras de entrada.

Aunque ganan honorarios por sesión, ese año los concejales casi ni sesionaron. El reglamento interno de la corporación permite que sesionen hasta veinte días cada mes, pero durante todo 2016 el Concejo de Barranquilla registró apenas cincuenta y nueve sesiones ordinarias y veintiún extraordinarias. Y durante todo el primer semestre de 2017, sesionó solo veinticuatro veces (veinte en ordinarias y cuatro en extraordinarias).[67]

67 Cantillo Barrios, Jorge, *La Silla Vacía*, «El Concejo de Barranquilla: sesiona poco y al ritmo de Char», 14 de septiembre de 2017.

Ese asunto, que no es ilegal, pero sí atípico, empezó a generar suspicacias en algunos corrillos sobre cómo era que se estaban ganando esos políticos la plata para subsistir. Fuentes confiables, que tienen cómo saberlo, me han contado que algunos recibían un porcentaje del monto de recursos cuya contratación aprobaban. Una de esas fuentes es un concejal que me reconoció haber recibido ese dinero. Pero esas versiones nunca han sido confirmadas fuera de toda duda ni probadas por la justicia.

En otra muestra del carácter cerrado y cuestionable de la hegemonía, toda esa gran contratación quedó concentrada en manos de cuatro contratistas amigos del clan Char.

Los más beneficiados fueron Christian y el Yuyo Daes. El suprapoder con influencia, protagonismo y negocios desde la época del Cura Hoyos, con clara permanencia más allá de los políticos de turno, cumplió entonces doce años de era charista siendo el mayor contratista de la ciudad, tanto en monto total como por número de contratos.

Arrancando el segundo tiempo de Char hijo, la Alcaldía los escogió como los socios privados para operar el sistema de alumbrado público. Se volvieron operadores tras la creación de una compañía mixta constituida por el distrito, por una empresa de los Daes llamada Alutrafic Led y por dos empresas del emporio del antioqueño William Vélez, conocido como el zar de las basuras en el país.

Con la empresa A Construir, los hermanos Daes se graduaron, además, como los grandes protagonistas de la llamada revolución del cemento del charismo. Ganaron licitación en el paquete de obras entregado para canalizar los problemáticos arroyos. Se quedaron con casi todos los negocios para hacer parques del programa «Todos al parque». Encabezaron el *ranking* de contratistas que construyeron y remodelaron escenarios deportivos para los XXIII Juegos Centroamericanos y del Caribe en Barranquilla, el megaevento de 2018 en el que la Nación, el distrito y el departamento invirtieron 613 000 millones de pesos.

Justamente, fue para esos Juegos que los Daes regalaron la popular Ventana al mundo de casi cincuenta metros de alto, que se volvió referencia para los barranquilleros y símbolo de su llamativa generosidad. En casi cuatro años de Gobierno de Char II ganaron poco más de 253 000 millones de pesos.

En el *top* de megacontratistas afortunados los acompaña Valorcon, en cabeza de Julio Gerlein, el empresario que al tiempo fungía como cacique político y tenía alianzas electorales con el grupo del alcalde. En casi todo el cuatrienio, esa empresa ganó 189 601 millones de pesos en contratos con el distrito de Barranquilla.

Eso es bastante menos de lo que en el mismo periodo de Char ganó otro de los contratistas del grupo de cuatro que concentraron los negocios públicos: una empresa llamada Inversiones Jacur, que sumó contratos por 243 222 millones de pesos. También de un amigo de los Char. De un empresario de nombre Faisal Cure Orfale, quien para la misma época en la que se quedaba con la gran contratación pública, hacía tratos comerciales privados con un sobrino del alcalde y venía de tener sociedades con otros miembros de la familia Char:

En septiembre de 2018, Cure Orfale constituyó la empresa de nombre Desarrollos Inmobiliarios del Caribe en compañía de Fuad Arturo Char Warner, el hijo mayor de Arturo Char Chaljub. En 2014, el contratista había creado BSJ Construcciones, que tenía como integrantes de su composición accionaria a Inversiones Jacur, a la sociedad Bapacol (que administra los activos inmobiliarios de los hermanos Fuad, Farid, Habib y Simón Char Abdala y sus herederos) y a la compañía Simba (propiedad de miembros de la familia Char Carson, primos de los Char Chaljub).

El cuarto gran contratista fue Mota Engil Col, una de las filiales por medio de la cual la multinacional portuguesa Mota Engil, que ha sido cuestionada por trabajos en otras zonas del país, ha operado en Colombia. Ese mismo tiempo, ganaron casi 237 000 millones de pesos a través de sus tres empresas: Mota Engil Latam Colombia, Mota Engil Col y Mota Engil Engenharia e Construçao, adjudicados en licitaciones públicas para construir un tramo del Malecón del Río y para canalizar el arroyo de la carrera 65. El rostro local de esa contratación de los portugueses es el de Samuel Tcherassi Solano, un empresario amigo de Álex Char, quien le hizo una reunión política privada en su casa durante la campaña, como me lo aseguraron por aparte dos asistentes (un congresista del Atlántico y un político importante). Tcherassi aparece como socio de Mota en todos los contratos que se ganó con una empresa de su propiedad llamada Consortium Infraestructura, que fue creada en 2015, es decir, el año en el que fue elegido el mandatario Char.

Los procesos contractuales que ganaron esas cuatro empresas se fundamentaron en pliegos de condiciones que establecían altas exigencias financieras, jurídicas y de experiencia, y en casi ningún caso contemplaban la entrega de anticipos. Las obras convenidas fueron entregadas. Así lo constaté en una investigación que hice a la megacontratación de Barranquilla junto a mis colegas Jineth Prieto y Ana León.[68]

Sin embargo, además de haber quedado en manos de amigos del alcalde, esos contratos se adjudicaron en procesos que crearon las condiciones para que eventualmente se pueda generar un lavado de activos.

La explicación a esa afirmación es que varios de los contratos con los montos más altos entregados por la Alcaldía de Char incluyeron una figura llamada «crédito proveedor», que la Agencia Nacional de Contratación Pública Colombia Compra Eficiente define como «aquellos créditos mediante los cuales se contrata la adquisición de bienes o servicios con plazo para su pago». Es decir, en palabras más sencillas consiste en que el contratista privado le presta al Estado la plata para ejecutar el objeto del contrato. Así es como en ocasiones los megacontratistas ponían grandes cantidades de dinero y solo después de entregar el trabajo a satisfacción le cobraban al distrito.

La modalidad, que en principio da la impresión de proteger los recursos públicos, aunque es legal, no ha sido común en grandes

---

68 La historia es de *La Silla Vacía*, se llama «El entramado de la contratación de Álex Char» y salió en noviembre de 2018.

licitaciones de otros lugares del país. No es usual que un contratista, incluso si cuenta con el suficiente músculo financiero, asuma el riesgo de prestarle a un ente público miles de millones de pesos en vez de usar su capital de forma más productiva.

Más allá, es un esquema de contratación que, cuando se trata de montos altos, pone una barrera de entrada tan arriba, que la contratación termina concentrada en manos de los contratistas más grandes.

El riesgo de que plata de cualquier procedencia termine siendo lavada por el mismo Estado me lo explicó un experto en lavado de activos así: «Sacas una plata de cualquier lado, la traes con un esquema que llamas deuda y recibes ingreso de la entidad pública y nadie se pregunta el origen de ese capital». Germán Pardo, el presidente de la Sociedad de Ingenieros de Colombia, lo definió para la investigación que hice a fines de 2020 como una práctica poco recomendable y «una manera siniestra de excluir a algunos grupos de ingeniería y una forma de abrir una puerta a empresas con plata quién sabe de dónde».

De veintitrés procesos contractuales, que constituyen la megacontratación de Char II, en siete casos se usó la figura de crédito proveedor por un monto que suma medio billón largo de pesos. Presentados en uniones temporales, Valorcon y Jacur ganaron tres de esos procesos por un total de 271 377 millones de pesos. A Construir también obtuvo tres por 214 353 millones de pesos y Mota Engil uno por 87 357 millones de pesos.

Además de eso, la interventoría y los diseños de una parte significativa de las obras de los cuatro megacontratistas de la ciudad fueron contratados a través de una gestora de proyectos de economía mixta que, al menos en ese momento, tenía entre sus dueños a sociedades de la familia Char. De la familia del servidor público que entregó esos contratos.

Esa empresa se llama Edubar y la Administración de Char le asignó a través de convenios directos, es decir, sin necesidad de licitación, 419 000 millones de pesos para que hiciera esa contratación y también para que llevara a cabo ella misma otras obras. Por esa vía, Edubar se convirtió en el sexto mayor contratista de Barranquilla. Con la particularidad de que entre sus accionistas privados está la Sociedad Portuaria Río Grande en la que, para cuando Char ya era mandatario por segunda vez, la familia Char poseía el dieciocho por ciento de las acciones, a través de Supertiendas Olímpica y de la Sociedad Colombiana de Inversiones Comerciales (Socinsa).

En resumen, en su segunda Alcaldía Álex Char entregó la contratación más multimillonaria de la historia de Barranquilla a empresas encabezadas por amistades o aliados suyos, con un Concejo prácticamente anulado y bajo un esquema eficiente pero poco transparente, en el que parte de la supervisión quedó a cargo de una entidad de la que es dueña su familia.

Y, mientras todo eso ocurría, el alcalde que había prometido entregarle todo su tiempo a Barranquilla, encontraba espacios también para continuar el romance clandestino que marcaría la historia de su poderosa casa política.

EL «OSO» DE CHAR

Por esta época, Álex Char y Aída Merlano se citaban en secreto, casi siempre con mediación del amigo especial con el que más se le vio departir aquellos años al dirigente político: Héctor Amarís Rodríguez, conocido en ciertos círculos de poder como «el Oso Yogui», por su gran estatura, corpulencia y abundante apetito.

El Yogui era el asesor, compañero de rumbas y mandadero, al que igual se le podía encontrar en una rumba, sirviéndole el trago a Char; como se le podía ver en una reunión oficial de Gobierno, cargándole el maletín. Una suerte de todero con silla asegurada al lado del mandatario, que paseaba en carros de alta gama por las calles de Barranquilla y se ufanaba de tener acceso a cualquier evento importante en la ciudad.

De profesión arquitecto, el hombre, de hecho, hacía parte del mismo grupo de amigos en el que también estaba Javier Torres Vergara, el ingeniero que contrató con dos consorcios de Odebrecht. Los tres,

Álex, Héctor y Javier, aparecían juntos —a veces con sus esposas— en partidos de fútbol, conciertos o fiestas del Carnaval.

Más allá, Amarís fungía como el portero con la llave de acceso al alcalde. Era un guarda que no solo le ayudaba a gestionar los encuentros íntimos con Merlano, sino que se entendía con cualquiera que quisiera hablar con Char, incluyendo altos funcionarios de la Nación. «El Yogui era la avanzada de Álex. Si tú querías hablar con él, tenías que hablar con el Osito. Adonde iba Álex, iba Héctor. Era el que le manejaba todo a Álex», describió el asunto un exfuncionario del Gobierno de Santos, quien trató con ambos.

El poder de Héctor Amarís en el círculo de Álex Char era tal que, sin tener contrato oficial en esa Alcaldía, el hombre se movía como un jefe. Se escribía por chat con los secretarios de despacho sobre asuntos de la Administración y entraba como Pedro por su casa a las oficinas de los empresarios contratistas de obra de Barranquilla.

Su llegada al mundo de lo público había sido más modesta. Gracias a la influencia política de su padre, un exdiputado del liberalismo llamado Héctor Amarís Piñeres, el Oso llegó a trabajar en la Administración de Guillermo Hoenigsberg, el alcalde elegido por el grupo del Cura Hoyos, que terminó condenado por irregularidades en la contratación.

En 2007, el Yogui respaldó la primera campaña de Char a la Alcaldía y, cuando este ganó, fue nombrado gerente del Foro Hídrico. Esa era una entidad menor creada para la limpieza de caños y parques, que los gobiernos charistas fortalecieron al darle el manejo de la multimillonaria contratación para canalizar los arroyos.

Sin venir de familia de élite, al lado de Char hijo, Amarís se convirtió en un pudiente personaje al que, sin embargo, le fue golpeada la vanidad social al echarle varias veces bola negra cuando intentó hacerse socio del Country Club.

Los mismos años en que su peso e influencia en lo público iban en aumento, una empresa llamada Iarco Limitada, de la que en ese momento era dueño el Oso Yogui Amarís, cobró mil quinientos millones de pesos a la Triple A por servicios que nunca fueron prestados.

El caso se conoció al final de ese segundo mandato de Char, en 2018, cuando la Fiscalía anunció que estaba investigando el robo de unos trescientos mil millones de pesos a la empresa mixta de servicios públicos de los barranquilleros, que terminó siendo propiedad de la empresa pública española Canal de Isabel II, por medio de su filial Inassa.

Entre otras cosas, el ente acusador estableció que, entre los años 2012 y 2015, una telaraña corrupta dentro de Triple A se dedicó a la creación de órdenes de bienes y servicios, que no fueron prestados pero sí pagados, y de contratos de consultoría ficticios, para desfalcar a la compañía cuya junta directiva preside el alcalde de Barranquilla.

El escándalo estalló enlazado con el otro proceso que había arrancado en España en 2017, luego de que las autoridades de ese país capturaran a varios altos ejecutivos de Canal de Isabel II. Los acusaron de haber desviado recursos de la Comunidad Autónoma de Madrid a paraísos fiscales y a campañas del partido español de derecha Partido Popular (PP), a través de inversiones que hizo el Canal en América Latina, como la compra de la Triple A con Inassa.

Parte del saqueo en Colombia se hizo, de hecho, a través de una empresa de Inassa que subcontrataba falsamente algunos bienes y servicios con empresas, que luego entregaban el billete a directivos de la Triple A, quienes resultaron condenados.

En una audiencia de marzo de 2018, un escolta que trabajaba en la Triple A declaró que ayudó a sacar maletines con plata en efectivo de esa empresa, para dárselos a un señor de apellido «Amarís» sin mencionar el nombre completo.

A los siete meses, la Fiscalía le imputó a Héctor Amarís Piñeres, el papá del Oso Yogui Amarís, los cargos de enriquecimiento ilícito de particulares, administración desleal y falsedad en documento privado. Amarís papá aparecía como representante legal de la empresa Iarco Limitada, que para el momento de los hechos era propiedad de su hijo. El señor aceptó haber cometido los delitos, pero como estaba enfermo y tenía más de ochenta años le fue concedido el beneficio de la casa por cárcel. A partir de ese momento, el escudero poderoso de Álex Char, quien se jactaba de sus conexiones y abundancia, desapareció del primer círculo conocido del alcalde. No más parrandas, no más encuentros importantes, no más puerta de entrada al mandatario. Simplemente, no se le volvió a ver junto a él en público.

OFICIO: COMPRAR VOTOS

A mediados de aquel segundo mandato de Char, y en la dinámica tan colombiana de que las maquinarias siempre están en elecciones o preparándose para unas, las movidas del clan se enfocaron en los comicios de 2018. Ese año de presidenciales y legislativas planeaban no solo poner al primer mandatario del país, sino también, por primera vez, lograr una bancada amplia en el Congreso que les permitiera encabezar la coalición del futuro gobierno de Germán Vargas Lleras.

Una de las jugadas tempranas que hicieron fue sellar su alianza electoral con Aída Merlano. La pieza que actuaba como reina en el ajedrez de los Gerlein, y se había atrevido a desafiar a los tiburones por la Gobernación, definía en esos momentos su siguiente gran apuesta, y en la casa Char no dudaron en procurar esa vez ir con ella en vez de en su contra.

Ya Merlano no quería ser representante a la Cámara, sino senadora. La senadora del grupo Gerlein. Julio Gerlein, con quien seguía manteniendo su conocida relación, ya se lo había prometido; «Lo que diga Aídita». Me cuenta ella que, en privado, Álex Char le decía por su lado que más adelante él la podía ayudar también a ser gobernadora, que sería su mánager. Entonces, el eterno senador Roberto Gerlein concretaba su retiro, obligado por el peso de los ochenta años de edad que iba a cumplir y por los catorce *stents* que permitían que la sangre corriera por las venas obstruidas de su corazón. Y en su maquinaria se preguntaban quién sería el heredero de esa silla.

Aunque muchos daban por descontado que la sucesora sería Aída Merlano, el congresista y una parte del círculo familiar más allá de su hermano querían otra cosa: querían que la curul quedara en manos de un pariente. Sobre todo, querían que no fuera ocupada por la amante por la que el matrimonio de Julio Gerlein y su esposa, Margarita Villa de Gerlein, llevaba varios años siendo objeto de comentarios en las reuniones de la alta sociedad barranquillera.

Ahí, en esa Barranquilla en la que, parafraseando a la escritora Marvel Moreno, muchas existencias giran alrededor de la piscina del club y de los bailes del Carnaval, la relación pública del empresario con la líder de barriada que se volvió representante no escandalizaba por existir sino por ser tan descaradamente abierta. Una mancha que no se estaba lavando en casa en una familia tradicional que, además de ostentar dignidades en la política y el mundo empresarial, hacía parte de la realeza carnavalera por ser cuna de varias reinas, ese honor que da jerarquía y es reservado solo a los barranquilleros más pudientes.

Margarita Villa de Gerlein, de hecho, era socialmente una suerte de «reina madre», con dos hijas y una nieta coronadas, que en ese momento presidía una fundación que ayudaba a víctimas de la violencia. Una aplaudida reina madre, cuya dinastía es recordada por haber ofrecido uno de los espectáculos más fastuosos de la historia de la fiesta el día de la coronación de la nieta de Julio Gerlein en 2014: un concierto para trece mil personas con Juan Luis Guerra, que por la época cobraba entre trescientos cincuenta y cuatrocientos mil dólares por presentación.

«En un espacio como el Country Club, por ejemplo, en donde converge esa sociedad barranquillera permisiva, que define la grandeza de sus miembros según quién más tenga plata, se maneja mucha hipocresía. Ahí todo el mundo sabe quién compra votos, quién hizo su fortuna con el narcotráfico o con la corrupción, quiénes son los famosos prestamistas que prestan millonarias sumas para lavarlas, y nadie dice nada, todos se abrazan con todos. Yo jamás vi que a Julio Gerlein o a su esposa les dijeran algo incómodo o salido de tono frente al asunto de Merlano, pero por debajo de la mesa eso sí era comidilla», me comentó al respecto un conocido *socialité* local.

A esta altura, la relación amorosa de la congresista con Álex Char era ya un chisme que volaba por algunos corrillos políticos y del que apenas podían dar fe los muy cercanos a la pareja. Principalmente, se comentaba que Don Fuad estaba muy disgustado con la crisis matrimonial que estaba enfrentando su hijo y que las señoras esposas Villa de Gerlein y Nule de Char vivían afligidas y molestas.

«A mí no me gusta tocar ese tema porque a mi mujer le desagrada mucho», me respondió Roberto Gerlein cuando le pregunté directamente por Aída Merlano, un día de marzo de 2018 que lo entrevisté en su casa.

El senador Gerlein y allegados suyos barajaban para el juego electoral los nombres de su sobrino, Jorge Gerlein Otálora, y de su yerno, Alberto Borelly, como posibles reemplazos, pero ninguno contaba con el suficiente recorrido y carisma como para ser una apuesta segura. Gerlein Otálora no se lanzaba a nada desde que había sido concejal en 2007, y Borelly venía de ahogarse al Concejo en 2015, en medio de críticas por no saber hacer campaña yendo a los barrios con los líderes.

Del otro lado de la mesa, estaba Julio Gerlein, decidido a lanzar a su pareja extramatrimonial. En un gesto para evitar ser humillado, Roberto Gerlein se reunió con su hermano en privado y le propuso ceder a Merlano el puesto en el Senado, siempre y cuando ella aceptara llevar como fórmula a un político de Baranoa de la confianza del congresista, llamado Roberto Rodríguez. Convencida de que tenía esa partida ganada, Aída se negó a firmar tablas y, en respuesta, el senador Roberto decidió inscribir su candidatura a la reelección en fórmula con el aliado Rodríguez, en una movida que quebró la relación política con su hermano.

La veterana casa Gerlein, que vio pasar once presidentes desde el Congreso, quedó por primera vez partida. Y los Char entraron a pescar en sus aguas revueltas.

Fue entonces que el senador Arturo Char buscó a Aída Merlano y a Julio Gerlein y les propuso lanzarla a ella al Senado con apoyo de los Char, a cambio de que no hicieran fórmula con ningún candidato propio, sino que respaldaran con sus votos a una aspirante a la Cámara que iba por el charismo.[69]

Aunque la congresista no caía bien entre algunos de los contados miembros de la familia Char que tenían confirmada su relación amorosa con Álex, se trataba de una apuesta ganadora por la fuerza electoral que había demostrado con creces tener la líder. Merlano no solo contaba con una estructura de cuadros sólida y con el patrocinio del contratista Gerlein, sino que ella misma había cultivado simpatías y era popular por su carácter que, si bien altivo, solía ser generoso con los más débiles y sabía aplicar el manoseo para generar lealtades. Son varias las personas de los barrios populares de la ciudad que, por ejemplo, cuentan que pudieron montar su negocio de minutos de celular, poner una carretilla de frutas o dedicarse al mototaxismo, porque ella les regaló los insumos.

Lo primero que acordaron ella y los Char fue que la alianza tenía que ser por debajo de la mesa. Esta no podía hacerse pública para no incurrir en doble militancia, debido a que Merlano tenía credencial por el Partido Conservador y la representante de los charistas iría con aval de Cambio Radical. Esa candidata se llamaba Lilibeth Llinás, y era la hermana de un diputado amigo de Arturo Char, llamado Adalberto Llinás.

Fue una táctica que los Char ya habían implementado en el pasado, cuando en las regionales de 2015 patrocinaron estructuras de políticos de otros departamentos de la región para armar una «Selección Caribe» charista, y que profundizaron para esas legislativas en la empresa

69 Esta alianza electoral la confirmamos el periodista Juan Pablo Pérez y yo apenas ocurrió. Se puede leer en una historia de *La Silla Vacía* publicada en noviembre de 2017: «La jugada maestra de los Char que termina de fracturar a la casa Gerlein».

de su expansión en el Congreso. Armaron un tablero con fichas propias y de otros grupos, incluso de partidos distintos, algunas de los cuales financiaron a cambio de que jugaran para ellos con sus votos.

En ese camino, desarticularon a la casa Gerlein y, en general, a buena parte del conservatismo en el Atlántico.

Al conservador Carlos Rojano no le cumplieron la promesa que le había hecho Álex Char de convertirlo en senador directamente, pero en cambio incluyeron a su hija, Karina Rojano, en la lista a la Cámara de Cambio Radical. Debido a eso, la estructura del concejal más votado pasó de votar con los conservadores a sumarle apoyos a la colectividad de Vargas Lleras. Parecido ocurrió con Antonio Zabaraín, dirigente de un grupo político dueño de una curul conservadora en la Cámara desde 2014, que en esa ocasión llegó al Senado como parte de la gran bancada del partido de los Char.

Volvieron a hacer alianza con el Gato Volador. Con Laureano «el Gato Volador» Acuña, otro aventajado alumno de las canteras del clan Gerlein que, de eficiente mochilero en los barrios, saltó a senador del Partido Conservador con maquinaria propia. En las calles de la Barranquilla política lo conocen como «el taquillero mayor» —como también les dicen a los compradores de votos— y tiene fama de ser «el mejor comprador de votos del departamento» porque casi no se le pierden. Aunque, él siempre ha negado esos señalamientos y dice que es, más bien, «el senador de los pobres», porque cuenta con el apoyo de las clases populares que lo han visto hacer campaña desde que tenía quince años. Lo apodan el Gato Volador porque, a los cuatro días de haber llegado por primera vez al Concejo en 2000, se le «voló» al gerleinismo que lo había respaldado y montó su grupo aparte. En ese entonces, estaba de moda el famoso reguetón:

Hago como iguana,
hago como mosquito,
hago como pollito,

hago como ballena,
hago como vaca: muuuu,
pero ustedes lo que quieren es:
¡el gato voladooooor!

Los Char lo habían puesto a volar en su cielo de socios políticos desde las elecciones locales de 2015, en las que la estructura del Gato puso votos a Álex Char a la Alcaldía y a Eduardo Verano a la Gobernación. Además, esa vez le ayudó al charismo impulsando a Joao Herrera, la carta que llevaban como alcalde en Soledad, el estratégico municipio conocido informalmente como «la capital del fraude» debido a que históricamente se ha registrado allí compra masiva de votos. Para los comicios de Congreso de 2018, el acuerdo fue que Acuña, que iba al Senado con aval conservador, le pusiera votos a Modesto Aguilera, amigo de Fuad Char, quien se lanzó a la Cámara por Cambio Radical. También por debajo de cuerda, por aquello de no incurrir en doble militancia.

Lo que la casa tiburón se planteó fue un verdadero rompecabezas electoral. Rojano iría en llave oficial con Zabaraín. El senador charista Lucho Díaz Granados, lo mismo con un candidato a la Cámara del grupo de Joao Herrera. Arturo Char recibiría votos de cinco candidatos a la Cámara porque quería alcanzar doscientos mil apoyos. Pero él solo le pondría votos a uno de esos cinco candidatos, mientras los otros harían fórmula por debajo de la mesa con políticos de otros partidos, como el Gato y como Aída. Para entenderlo fácil, toca hacer un diagrama. Quien se lo inventó, después de casi tres décadas de estar organizando casi siempre una única candidatura al Senado en los comicios legislativos, fue Fuad Char, que decidió los nombres de esa lista y tuvo la última palabra sobre cómo jugaría cada uno, en una muestra más de su vigor de sagaz animal político.

El único cálculo al que no le atinaron en legislativas fue al de los doscientos mil votos de Arturo Char, que con poco menos de ciento treinta mil respaldos se convirtió esa vez en el quinto senador más votado de

Colombia, lo que le dio peso dos años después para llegar a ser presidente del Congreso. El clan pasó de contar con una curul en el Senado a sacar once congresistas, incluyendo a cuatro entre Sucre, Magdalena y San Andrés. Una bancada propia solo comparable con la que alcanzó en aquella ocasión el entonces aún superpoderoso expresidente Álvaro Uribe.

La estrategia de volverse fenómeno electoral pactando la consecución de votos con otras estructuras, en una especie de tarea *outsourcing*, en la práctica significó que los Char renunciaron a manejar directamente toda su maquinaria. Ese asunto dificulta seguirle el rastro a la minucia de las prácticas electorales de los dirigentes del clan.

Ese 2018, sin embargo, pude ser testigo de primera mano de una compra de votos al menudeo que se registró el mismo día de las elecciones para las campañas de dos alfiles directos del grupo. Ocurrió en Soledad. Allá me encontraba cubriendo el día electoral —el Día D, lo llaman comúnmente en las maquinarias, por tratarse de la jornada definitiva en la que la estructura tiene que tener asegurada su operación de transporte, refrigerios y plata, para garantizar la votación de las clientelas—, que por años ha transcurrido en ese municipio como en una suerte de salvaje Oeste. Un escenario en el que muchas formas de la corrupción electoral se ejercen de frente y sin miedo.

Conurbado con Barranquilla, Soledad es un vecino inseguro, pobre y maltratado, pero importante para los políticos tradicionales porque cuenta con el segundo censo electoral del Atlántico, y con su potencial puede poner un representante a la Cámara.

La fecha en que se abren las urnas, los distintos grupos políticos instalan alrededor de los puestos de votación unos puntos para controlar a sus votantes. Estos consisten en una mesa con un computador, identificados con figuras, como pájaros, flores o dibujos animados, para que los clientes puedan distinguirlos. Por ahí van pasando los electores para que les verifiquen sus cédulas, les indiquen a qué mesa deben ir a votar y a dónde pueden ir después a reclamar la plata por su voto.

El transporte que la maquinaria les pone suele ser identificado con la misma figura que aparece en el punto de control, para que el votante pueda localizarlo en las afueras de los sitios de las votaciones.

Ese Día D, 11 de marzo de 2018, empecé a notar cómo alrededor de varios colegios, que en esa jornada funcionaban como sedes de votación, se movían con llamativa frecuencia unos motocarros —el medio de transporte más usado en el municipio— con el logo de un águila dibujada en alguno de sus costados o pegado en el vidrio panorámico. De manera informal, me acerqué y uno de los choferes me comentó que se trataba de los vehículos para los votantes de la fórmula Lucho Díaz Granados y José Amar, candidatos al Senado y a la Cámara de la casa Char.

Enseguida, le pedí al conductor del carro que había contratado para que me acompañara en la reportería, que con discreción siguiéramos el rumbo de una de las águilas cuando recogiera a algún elector por la zona. De esa manera, llegamos a un sector llamado Bulevar de Costa Hermosa, en donde vi bajar de un motocarro a una señora que entró a una casa esquinera que tenía el nombre de una fundación en su entrada (Fundación Social Únete), y a un lado de la puerta principal una valla con propaganda de Díaz Granados y Amar. La esquina era un hervidero de vehículos con la figura del ave llegando a dejar personas, gente entrando y saliendo de la vivienda y un puñado de vendedores ambulantes gritando bajo un sol feroz que sí tenían agua, que sí había gaseosa fría.

Me atreví a arrimarme a pie, como si fuera una simple transeúnte, pero al instante noté encima los ojos de un par de hombres que vigilaban con mala cara y poco disimulo. Cuando me disponía a devolverme hacia el carro que habíamos dejado parqueado cuadras atrás, el chofer coequipero me señaló con la boca a la mujer que habíamos seguido, y que en ese momento cruzaba con afán la calle acompañada por un señor. Caminamos detrás y al doblar la esquina, observamos cómo, cuando creían que nadie los veía, el hombre le entregaba unos billetes a la señora.

Sabiendo que no habría otra oportunidad y que debíamos marcharnos de una, los apunté con la cámara de mi celular y capturé la imagen.

La foto de una compra de votos en vivo y en directo salió publicada en *La Silla Vacía*. Más tarde, un político de los Char me confirmaría fuera de grabación que ese día estaban entregando cincuenta mil pesos por voto y pagando ciento cincuenta mil pesos a cada conductor de motocarro por transportar gente durante toda la jornada de votación.

Varias horas antes de eso, a las ocho de la mañana, cuando recién estaba comenzando mi recorrido en aquellas elecciones, había visto varias decenas de buses de transporte público que contrató la estructura del Gato Volador para trastear a sus votantes. Estaban estacionados a esa hora en el parqueadero del estadio Metropolitano de Barranquilla, esperando a que abrieran los puestos de votación. Cada conductor de esos buses recibió doscientos veinte mil pesos por el día de trabajo, según me aseguraron tres que consulté ahí mismo.

La noticia judicial del Día D, no obstante, no vino por ninguno de esos lados. Se produjo cuando la Policía Nacional apareció en la sede de la campaña de Aída Merlano en el barrio El Golf, una amplia vivienda de rejas altas conocida como la Casa Blanca, para hacer un allanamiento. Un operativo sorpresa, para ella y, en general, para todo el mundo. Pese al carácter absolutamente abierto que tiene la corrupción electoral en ciertas zonas, no era para nada usual que las autoridades actuaran, y menos directamente contra un congresista.

Encontraron dieciocho computadores con archivos de listados de nombres y cédulas, letras de cambio, calcomanías, recibos de caja y videos de cámaras de seguridad del lugar. Seis carpetas físicas con más datos de identificación de ciudadanos, una libreta de apuntes con instrucciones para los líderes, diez discos duros, certificados electorales marcados con un adhesivo rosado que decía: «Gracias por tu apoyo».

Encontraron una máquina contadora de billetes de color blanco, una caja fuerte de color negro y 261 millones de pesos en efectivo. También encontraron un revólver de la marca Llama Martial, otro Smith & Wesson y una escopeta Mossberg, las tres armas con el permiso de porte vencido.

Llegaron por orden de la Fiscalía después de que, cuarenta y ocho horas antes, una persona que no se identificó con su nombre llamara a la Policía a decir que allí se estaban comprando votos.

Aída Merlano Rebolledo fue detenida a los pocos días. La Corte Suprema de Justicia la investigó y encontró culpable de los delitos de concierto para delinquir agravado, corrupción al sufragante y tenencia ilegal de armas. En el mismo sentido del inédito allanamiento, fue un proceso que se resolvió bastante más rápido que otros casos de personajes mencionados en los mismos hechos y que grandes escándalos de similar impacto mediático, como el de Odebrecht. En abril fue capturada, en julio fue acusada y en septiembre del año siguiente, 2019, condenada. Todo en menos de año y medio. La primera congresista (detenida siendo legisladora) en la historia de Colombia encontrada culpable de comprar votos.

En principio, la Corte estableció que la mujer hizo parte de una organización criminal que cometió fraude para ganar elecciones en los años 2014, 2015 y 2018, que estaba conformada por los clanes Gerlein, Char y Name, y que contaba con la financiación de Julio Gerlein. Según el alto tribunal, esa estructura cuestionada logró elegir en 2014 a Roberto Gerlein al Senado y a Aída Merlano y al Gato Volador a la Cámara; en 2015 sacó una diputada a la Asamblea del Atlántico y tres concejales de Barranquilla; y en 2018 armó una coalición para garantizar el triunfo en urnas de Merlano al Senado, por el Partido Conservador, y la charista Lilibeth Llinás a la Cámara, por Cambio Radical.

Sin embargo, para el fallo definitivo de segunda instancia,[70] que fue proferido en mayo de 2020, la Corte Suprema reconoció que no contaba con las pruebas suficientes para inferir inequívocamente que el engranaje corrupto hubiese actuado en las elecciones de 2014 y 2015. Por eso, omitió los nombres de los elegidos esos años y estableció como verdad judicial que Aída Merlano conformó la organización ilegal que hizo

70 Corte Suprema de Justicia, Sala de Casación Penal, 27 de mayo de 2020.

fraude desde marzo de 2017, que es cuando arrancó el proceso electoral de 2018 con la apertura de la inscripción de cédulas.

Eso es clave porque, aunque su condena fue ratificada, la justicia no hizo claridad sobre los hechos y las personas que rodearon el camino político de la dirigente desde el 2014, que fue el año en el que ella llegó a la Cámara de Representantes y la casa Gerlein actuaba como socia electoral de la casa Char.

Para armar el *modus operandi* de la empresa electoral —que básicamente consistía en el consabido andamiaje, aceitado con billete, de coordinadores y líderes buscando votantes a los que controlaban hasta con código de barras—, la Corte se apoyó justamente en los testimonios de un líder y un coordinador de líderes, quienes participaron en la campaña de la congresista en 2018. Ellos corroboraron las identidades de varios de los políticos con los que, efectivamente, había trabajado Merlano. Mencionaron hasta a sus colaboradores en asuntos administrativos, como la sistematización y el control de taquillas en las que se pagaba la plata. También, señalaron con nombre propio a Julio Gerlein como el mentor de la maquinaria que ella lideraba. Según la Corte, esa sindicación a Julio Gerlein la hizo sin querer la propia Merlano, en una de las grabaciones que las autoridades recogieron de los videos de seguridad de la Casa Blanca.

Ahí aparece la política hablando de un incumplimiento de plata de ese contratista en los siguientes términos:

«Pa' cerrar el debate necesito dos mil trescientos... Nosotros nos terminamos gastando la mitad, es correcto, pero, por mucho que quiera ahorrar, esa vaina no baja de mil quinientos millones, no baja... Es que el hijueputa es un malparido, a lo bien, es un malparido. Ya el debate me lo bajó a mil trescientos, según él. O sea, no pagamos casas de apoyo, no pagamos votos, no pagamos. ¿Qué tiene él en la hijueputa cabeza? ¿Tú crees que yo voy a dejar de pagarles a los líderes?».

Uno de los dos testigos estrella de la Corte confirmó, además, la alianza electoral en 2018 de Merlano con la candidata de los Char,

Lilibeth Llinás, pactada por debajo de cuerda durante una reunión con el senador Arturo Char.

El congresista Char comenzó a ser entonces objeto de una investigación previa en el alto tribunal, y el clan Char motivo de sospecha en la prensa nacional que tanto lo había consentido.

Pero la verdadera bomba explotó tras la fuga.

La fuga de Aída Merlano de la cárcel de mujeres El Buen Pastor en Bogotá.

Para la historia política colombiana quedó como episodio imborrable en la galería de lo vergonzoso. La primera tarde de octubre de 2019, mientras se encontraba de permiso en un consultorio odontológico para hacerse un diseño de sonrisa, Aída Merlano Rebolledo amarró una cuerda a la pata de un mesón empotrado en la pared, la arrojó por la ventana del tercer piso y se agarró de ella para bajar y escapar en una moto que la estaba esperando.

Lo hizo, según lo probado en primera instancia por la justicia a enero de 2023, con la ayuda de sus dos hijos, que le llevaron al centro médico del norte de la capital la soga y unos guantes.

Insólito, impresionante, cinematográfico. En histeria colectiva, los medios parecían no hallar adjetivos suficientes para describir el escape, que quedó grabado en varias cámaras de seguridad del sitio. En cada emisión de noticias, se volvió un bucle la imagen desde el parqueadero en la que se le ve caer al piso sobre las nalgas, vestida de pantalón y blusa blancos y con su cartera en la mano. Colombia entera supo que existía una representante del Atlántico llamada Aída Merlano, que sin presentar ningún proyecto de ley importante había resultado electa senadora con poco más de ochenta mil votos y la ayuda de una sofisticada red de corrupción, y que tenía una relación política con los Gerlein y con los Char.

Poco después de que la capturaran por la fuga de la mamá, su hija pasó factura y confirmó en televisión nacional lo que se sabía hace rato en Barranquilla. Aída Victoria Merlano Manzaneda, que a sus veinte años conoció la fama al aparecer esposada frente a las cámaras, mientras se la llevaban acusada de fuga de presos y uso de menores de edad en la comisión de delitos (su hermano, Esteban José Manzaneda Merlano, tenía diecisiete años cuando ocurrió la fuga), contó en el programa *Los Informantes* de *Caracol* la relación amorosa entre su madre y Julio Gerlein.

Se refirió al empresario como a un «papá» que le había dado todo a ella —educación, alimentos, lujos— desde que era pequeña. Aseguró que él estaba enamorado de su mamá, que nunca la escondió y que, si no vivía a su lado, era porque se encontraba atado a un matrimonio que existía solo en el papel para guardar las apariencias en la alta sociedad barranquillera. Dijo que las dos le tenían por sobrenombre «Penequito». Llorando, Aída Victoria detalló los intentos de suicidio de Aída Merlano antes de volarse de El Buen Pastor y el trastorno afectivo bipolar con paranoia que tiene diagnosticado la política. Y fue la primera en plantear públicamente la duda: sugirió que el caso pudo haber sido movido en venganza por los amores de esta.

«Ya vemos que ella tiene una relación amorosa con un hombre poderosísimo, quién quita que sea una mujer de su familia, quién quita que sean los hijos, algún familiar de él, alguien que simplemente le desagradara esto», comentó a *Los Informantes* Merlano Manzaneda, cuyo nombre antes de enero de 2019 era Carolain. Al mes siguiente, ya en camino firme a ser la exitosa *influencer* en la que se convirtió más tarde, Aída Victoria denunció desde su cuenta de Instagram que su papá de crianza Julio Gerlein la había amenazado con pegarle diecisiete tiros por andar de «muy bocona».

Cuando la recapturaron en Venezuela, en enero de 2020, Aída Merlano Rebolledo dijo el resto.

Primero, en declaración bajo juramento ante una juez de Caracas y, después, en varias entrevistas a medios y amplias diligencias judiciales en Colombia, la excongresista señaló como los grandes cerebros de la corrupción electoral en el Atlántico a los clanes Char y Gerlein.

Con nombre propio, acusó a Fuad, Álex y Arturo Char, y a Julio Gerlein, de usar millonarios recursos de la contratación pública para financiar campañas, de ayudarla a concretar su plan de fuga y de luego querer matarla en el trasegar de su huida.

Fue una bomba contra unos otrora intocables que estalló soltando piezas que se ajustan a la historia, y otras que no encajan tanto.

Merlano Rebolledo aseguró que el empresario Gerlein puso alrededor de seiscientos millones de pesos a su campaña, aunque había quedado en darle mucho más. También, que la noche antes de las legislativas —y del allanamiento— el entonces alcalde Álex Char llegó en su camioneta hasta las vecindades de la Casa Blanca para entregarle él mismo quinientos millones de pesos que ella iba a usar en esas elecciones.

La plata de los proyectos electorales del charismo, según el hilo del relato de Merlano, salió de las arcas del distrito de Barranquilla gracias a que, en su segunda Administración, Char se embolsillaba el treinta por ciento de los recursos de aquella contratación millonaria que entregó a amigos suyos.

Puntualmente, Aída Merlano detalló que las coimas eran enviadas por los contratistas a Álex Char a través de su inseparable amigo el Oso Yogui Amarís. Y también dijo que le constaba que el contratista Faisal Cure entregó tres mil millones de pesos para ser usados en campañas charistas de 2018, como parte de una comisión por haberse ganado unos contratos en sociedad con Julio Gerlein.

Sobre la fuga, lo que narró es que poco después de su captura, y en medio de la expectativa por lo que pudiera comenzar a declarar, fueron a visitarla a El Buen Pastor unos abogados que dijeron ir en representación de Julio Gerlein y de Arturo Char para ofrecerle armar un plan de escape, mientras la ayudaban a resolver su situación jurídica. Le hicieron llegar un celular a través de una dragoneante y, días más tarde, le explicaron por videollamada el paso a paso de lo que debía hacer cuando saliera al consultorio odontológico. En esa comunicación, afirmó Aída Merlano, participaron Fuad, Álex y Arturo Char, y Julio

Gerlein y su hijo Julio Eduardo Gerlein Villa. La excongresista los señaló de haber sido ellos —y no sus hijos, Aída Victoria y Esteban José—
los que le hicieron llegar a la propia cárcel la cuerda para la huida, en
un camino en el que después personas que la custodiaban la abusaron
sexualmente e intentaron asesinarla. Se salvó porque conocidos suyos
en el Cesar supieron de su situación y la ayudaron a cruzar la fronte-
ra hacia Venezuela, en donde fue detenida por el Gobierno de Nicolás
Maduro.

En noviembre de 2021 que comencé a hablar con ella para este libro,
Merlano arrancó diciéndome que jamás se imaginó que le iba a pasar
todo eso en la vida. En todas nuestras comunicaciones se notaba con
muchas ganas de contar su historia: la de su niñez, la de su familia, la de
su entrada en política, la de sus sueños y la de sus odios. Y la de las cosas
que afirma conocer de primera mano. Señalamientos graves, que invo-
lucran hasta supuesta financiación ilegal de campañas presidenciales.
Desparramaba datos, a veces desordenadamente, e iba de un momento
de su historia a otro, tomando y soltando hilos. En ocasiones, le temblaba la voz, se le salía alguna lágrima y me pedía que aprovechara porque
no en todos los momentos del día se sentía lúcida. Se parecía más a un
náufrago recién rescatado que a la incontenible poderosa de hasta hace
nada, aunque su relato guardaba la fuerza de un cataclismo.

«No soy una santa, yo no te voy a negar que compré votos, aunque
en realidad, más que compradora de votos, me considero una tesa en
todo lo que es organización electoral. No soy una santa, pero no soy la
única responsable, a mí sí me alcanzaron a decir que esas dos familias
querían hundirme, no lo creí», me dijo Merlano. Uno de los episodios
que parece desatar más su rabia es la declaración pública en la que Álex
Char calificó como «un error» su relación amorosa —que ella reveló
en una entrevista— y negó la alianza entre la campaña Merlano y una
candidata del charismo. Para probar ambos asuntos, Aída me mandó
unas fotos privadas con el exalcalde y las imágenes de unas libretas y
pocillos con publicidad suya y de Lilibeth Llinás, que fueron enviados a

algunos barrios para que los votantes tuvieran claro por quiénes marcar. «Mira (antes del allanamiento) ese hombre a mí se me arrodillaba, me lloraba, decía que se quería quedar conmigo, ¿tú crees que es para que saliera con lo que salió después? Un poco hombre, una persona totalmente desconocida para mí».

El que no la abandonó, al menos no en ese momento, fue Julio Gerlein. En dos ocasiones, en las que conversábamos por teléfono estando ella en Venezuela, el empresario la llamó a otra línea y Merlano lo atendió con altavoz. En lo que me permitió oír, se trataron con cariño.

—Hola, mijita, aquí tomándome un whiskey, ¿cómo estás?

—Estoy tranquila, Penequito [el apodo que Aída Merlano le tiene a Julio Gerlein], ¿estás tomando de nuevo?

—Un solo whiskey, mijita. Mijita, te quiero mucho.

En el juicio al que fue llamado en 2019 por violación de topes electorales, concierto para delinquir y corrupción al sufragante, Gerlein negó la comisión de esos delitos.

El abogado Miguel Ángel del Río, apoderado de Aída Merlano desde inicios de 2022, difundió en sus redes un audio en el que se oye a la excongresista hablando con el contratista Gerlein. En la conversación, discuten por un supuesto aporte de ese empresario a la campaña de ella por valor de doce mil millones de pesos, tras recibir un préstamo de Serfinanza, el banco de los Char. Del Río le dijo a la Fiscalía que la grabación se la dio Merlano y fue publicada con autorización de ella.

Ese audio, las imágenes de la publicidad de Merlano y Llinás y las fotos románticas con Álex Char, hacen parte de las pruebas documentales conocidas del escándalo a febrero de 2023. Del Río me comentó al respecto que están aportados al proceso cheques y pagarés, cobrados en Casa Blanca por personas cercanas a Julio Gerlein. Y también existe un listado de políticos beneficiarios de préstamos en Serfinanza aparentemente sin soporte en la entidad, un asunto que Del Río pidió que sea investigado. El abogado recordó que, en cualquier caso, la construcción probatoria la debe hacer la Fiscalía.

En diciembre de 2021, funcionarios de la Fiscalía delegada ante la Corte Suprema de Justicia se presentaron en la sede principal de Serfinanza, en la calle 72 con carrera 54 en Barranquilla, para hacer una inspección ordenada dentro de la investigación de la Corte a Arturo Char. Buscaban especialmente documentos para saber si entre Valorcon y Serfinanza existieron relaciones comerciales, si Valorcon o Serfinanza hicieron aportes a campañas políticas en los diez años anteriores y si Serfinanza transfirió recursos para campañas de Aída Merlano, Arturo Char o Lilibeth Llinás.

En el acta oficial de veintidós páginas de esa diligencia, que pude leer, consta que encontraron que Valorcon está vinculada a Serfinanza con operaciones de cupo de crédito desde el año 2001 por un valor de trescientos millones de pesos, y que desde esa fecha se ha ido renovando e incrementando ese cupo. Entre 2017 y 2018, años clave en el caso Merlano, el banco de los Char desembolsó a la empresa de Julio Gerlein 18 300 millones de pesos por concepto de créditos aprobados, y teniendo como soporte un único pagaré que respalda todas las obligaciones de la firma contratista. Asimismo, Serfinanza informó ese día de la inspección que Arturo Char no había tenido ninguna participación en los órganos de dirección de esa entidad ni tampoco solicitó tratamiento especial para cliente alguno. «Aquí se otorgan créditos cumpliendo con unas políticas, unos perfiles y aprobaciones por instancias», dijo a los investigadores una funcionaria del banco.

En febrero de 2023, busqué a Julio Gerlein para pedirle su versión sobre las referencias a él en este libro e incluirla. Solicité una entrevista formal a través de su abogado Jaime Lombana, quien quedó en hacerle la consulta. Al mes, Lombana me contestó que Gerlein lo había pensado, pero tomó la decisión de no pronunciarse. «El tema familiar le impide salir a hablar de esto», me explicó el abogado.

En una declaración que hizo dentro del proceso contra Gerlein, Aída Merlano aseguró que el empresario no seleccionó a las personas que trabajaron en su campaña en 2018, y tampoco se sentó con ninguno de esos empleados o con los líderes para pactar pagos o sugerirles compra de votos. «Eso lo hizo un equipo de trabajo que fue designado por la casa Char y fueron empalmados con el equipo de trabajo mío. Se unieron los dos equipos y cada persona era supervisada por un empleado de Cambio Radical, para garantizar que los dineros girados de la casa Char no fueran a otros destinos sino a la compra de votos», declaró la excongresista.

Tras los primeros señalamientos públicos que les hizo Merlano, los Char Chaljub vivieron días de tensión permanente, sin más testigos que los miembros del primer círculo familiar, los abogados y unos pocos allegados de mucha confianza. En conformidad con su carácter reservado y absolutamente endogámico, Don Fuad omitió hacer cualquier mínimo comentario sobre el asunto en las reuniones sociales y políticas que siguieron, y en ese camino lo acompañaron sus hijos. El tema se volvió tabú alrededor de ellos, inclusive entre sus congresistas. Mientras, en proporción inversa, la historia de corrupción, amores y traiciones de la que eran protagonistas se volvía el cuento favorito en Barranquilla y el país. Cuenta alguno de esos allegados de confianza de la familia que jurídicamente se sentían muy confiados, pero que al patriarca le mortificaban profundamente el manoseo a su apellido y las dificultades en las que continuaba el matrimonio de Álex.

A ese aguacero sobre el clan se sumó la debacle de Vargas Lleras, a quien cuatro años de Vicepresidencia alistando su campaña no le alcanzaron ni siquiera para quedar en tercer puesto en los comicios presidenciales. En un reflejo del proyecto electoral de sus socios los Char, la principal estrategia del exvicepresidente había sido rodearse de prácticamente toda la clase política tradicional, parte de ella cuestionada y condenada. El año antes de la elección, Cambio Radical contaba diez mandatarios avalados por ese partido que enfrentaban líos penales. Para hacerle el quite a esa crisis de imagen, Vargas recogió firmas para presentar su candidatura por un movimiento ciudadano, pero luego se supo que eran las maquinarias en las regiones las que se las estaban buscando.

Aunque después los acusaron de supuestamente haberlo traicionado, los Char sí le pusieron votos a Vargas para la primera vuelta. De hecho, en ese camino volvieron a usar la Alcaldía de Barranquilla. Cuatro contratistas de las secretarías de Educación, Cultura, General y Deportes, me contaron en mayo de 2018 cómo jefes de esas dependencias habían pedido a cada trabajador comprometer a cincuenta personas para que votaran por el exvicepresidente y relacionar sus datos en unas planillas. El día de las elecciones, la maquinaria Char puso transporte y refrigerio para sus votantes, pero muchos terminaron marcando por Gustavo Petro o por el uribista Iván Duque, los candidatos que sacaron las mayores votaciones en el Atlántico.

Sin embargo, lo que parecía una gran tormenta en la casa Char resultó siendo, más bien, una lluvia de verano. Al mes del descalabro vargasllerista, Álvaro Uribe se comunicó por videollamada con Fuad Char, quien se encontraba reunido en ese momento con sus congresistas, para invitarlo a que en segunda vuelta se subiera al bus de la campaña de Iván Duque, a la postre elegido presidente. Los Char volvieron a caer de pie al entrar por la puerta grande a la coalición del nuevo Gobierno.

Al año siguiente, un mes después de la condena de Aída Merlano en la Corte Suprema, el charismo logró un doblete electoral que pocas maquinarias pueden contar: en las elecciones de octubre de 2019, mantuvo la Alcaldía de Barranquilla, en cabeza de Jaime Pumarejo, y se ganó la Gobernación del Atlántico con Elsa Noguera, una mandataria no en alianza, como Verano, sino del propio bolsillo del grupo.

En 2020, y pese a ser uno de los senadores menos visibles del país, Arturo Char fue elegido como presidente del Congreso, la aspiración que nunca pudo concretar su papá. Ocurrió cinco meses luego de que la Corte incluyera la fuga de presos al objeto de la indagación previa que le seguía al congresista por corrupción electoral.

Con todo ese impulso, de nuevo, los Char comenzaron a machacar el sueño de la Presidencia de Colombia. Ya no en manos de un socio cachaco, como Vargas Lleras, sino, por qué no, para la familia, para un

Char, para Álex Char, el dirigente de la casa a la que aparentemente no se le había rayado el teflón por lo de Merlano.

Álex Char llevaba sonando como presidenciable desde que la aprobación a su gestión empezó a romper marcas en los sondeos. La candidatura de 2022 fue puesta en duda por quienes creían que el clan iba a optar por bajarse el perfil, mientras se disipaba el humo del fuego de Aída. Con el visto bueno de Fuad Char, no obstante, el exalcalde ayudó a armar una coalición de exmandatarios y políticos regionales, que se presentó como una alternativa frente al aspirante de izquierda Gustavo Petro. El Don ya se los había dicho a sus congresistas en 2019: «El único gobierno contra el que me iría sería uno de Petro».

Los tiburones se quedaron esperando el millón doscientos mil votos que calculaban sacaría Álex Char en la consulta de precandidatos de la derecha, que perdieron frente al exalcalde de Medellín Federico Gutiérrez, quien lo triplicó en apoyos. Ese año electoral, en el que los colombianos votaron mayormente en contra de las maquinarias, el grupo además redujo su votación al Congreso y perdió una de sus curules en Senado y otra en Cámara. Para entonces, la pandemia del COVID-19 ya había desnudado la Barranquilla más allá de las obras y el cemento como una ciudad con altas cifras de inseguridad alimentaria, en donde en 2021 menos del treinta por ciento de personas reportaban tener para comer las tres comidas diarias.[71]

Lo peor de su balance puede que ni siquiera sea cuantificable. Después de lo de Merlano, los Char quedaron convertidos en un gran símbolo nacional de lo malo que representan las estructuras clientelistas y la corrupción electoral. Una imagen que se fortaleció ocho meses después de las legislativas de 2022, cuando la Sala de Instrucción de la Corte Suprema le abrió investigación penal formal y citó a indagatoria

---

71 Según la Encuesta Pulso Social del Departamento Administrativo Nacional de Estadística (DANE).

a Arturo Char para que responda por los delitos de corrupción electoral y concierto para delinquir.

Para que responda por lo que dijo Aída, la mujer, que era más bien una tromba, que puso en jaque al imperio de casi un siglo que quiso apoderarse de una región. §

A MANERA DE EPÍLOGO: EL CIERRE DE UN RELATO QUE SIGUE ABIERTO

No escribí este libro pensando en que fuera una pormenorizada rendición de cuentas de gestión, ni una historia empresarial llena de números fríos y mucho menos un expediente judicial con la verdad revelada. Investigué con el deseo de entender y narrar situaciones que hablan por sí solas, para aportar a que otros también puedan comprender y formarse un criterio.

Muchas de esas situaciones y datos —confirmados con fuentes de primera mano que coinciden entre sí, documentos, información de libros y periódicos, y en ocasiones por mí de manera directa—, no pudieron ser contrastados con la versión de los protagonistas Char. Ellos prefirieron no pronunciarse, tal y como han optado por hacerlo desde que en 2015 comencé a cubrirlos de manera permanente. A partir de ese año, la única vez que he podido entrevistar personalmente a un miembro de la familia Char Chaljub fue en septiembre de 2016, cuando el entonces senador Arturo Char me recibió en su oficina en Barranquilla para contarme de la canción que escribió a propósito de su apoyo a los diálogos de paz con las FARC. Lo había contactado a su número celular por WhatsApp. Tiempo después, y tras algunas historias mías sobre el clan Char, me apareció bloqueada esa opción.

En noviembre de 2021, le pedí una cita informal a uno de los principales asesores de los hermanos Álex y Arturo Char para contarle acerca de este proyecto periodístico. Mi intención, y así se lo expresé con claridad, era que los Char supieran que estaba investigando para un libro sobre ellos y que tenía toda la disposición de escuchar e incluir sus mejores argumentos. Aunque no se trató de una petición formal de entrevista, quise acercarme a la puerta para luego tocarla. El asesor me dijo que no entendía por qué quería escribir un libro de los Char y me preguntó si no me daba «miedo hacerlo». Al final, quedó en informarle a Álex sobre nuestra reunión y prometió entregarme un libro sobre la gestión del exalcalde, que según explicó me permitiría conocer mejor cómo fueron sus administraciones. Acordamos que yo enviaría a un mensajero a recogerlo. Sin embargo, cuando ese mismo día le mandé un chat para concretar, no volvió a contestar. Le envié varios mensajes a lo largo de una semana y dejé de insistir.

El 23 de febrero de 2023, cuando ya tenía toda la reportería y las preguntas claras que debía formular, solicité entrevista formal a los señores Fuad, Alejandro y Arturo Char. Lo hice a través de su abogado Iván Cancino, quien me confirmó que trabaja con ellos y quedó en hacer la consulta a sus clientes. Un mes después, el 21 de marzo, volví a escribirle a Cancino a ver si ya había razón y me dijo que la respuesta definitiva era «no».

Los megacontratistas José Manuel el Yuyo Daes y Christian Daes también se negaron a concederme una entrevista.

En abril de 2015, cuando por primera vez investigué a profundidad a ese par de hermanos, experimenté lo difícil que resulta atreverse a preguntar por sus negocios o por su polémico pasado porque ellos parecen tener ojos, oídos y simpatizantes en todos lados. De manera sorprendente, al menos cinco fuentes a las que busqué esa vez me dijeron que sabían de antemano el objeto de mi consulta debido a que allegados a los empresarios estaban preguntando qué era lo que yo averiguaba. La noticia de aquella reportería llegó, incluso, a oídos de personajes importantes de Bogotá, antes de haber escrito siquiera la primera palabra. Por esos días, aparecieron unos memes en Twitter atacando a una periodista que había comenzado a trabajar conmigo en *La Silla Caribe* y comenzó a circular por WhatsApp un anónimo acusando a *La Silla Vacía* de haberle recibido plata a unos políticos de la región. Curiosamente, ese mensaje llegó a periodistas de la redacción horas después de haberle solicitado a Abelardo de la Espriella, entonces abogado de los Daes, unos documentos para mi investigación.

El 29 de abril de 2015, cuando me bajaba de un taxi en la ciudad de Valledupar, tres motos con tipos armados se me acercaron para quitarme mi bolso. No fue un atraco cualquiera. Los ladrones me habían seguido y no le quitaron al taxista ni su celular ni su billetera. Al día siguiente, un hombre se comunicó al sitio donde me estaba hospedando para decir que tenía mi teléfono y me lo quería devolver. Un día después de eso, otra persona reportó que había encontrado la billetera con mis documentos y deseaba entregarlos. Lo que nunca apareció fueron mi libreta de apuntes y mi agenda con datos de contacto de muchas fuentes. La Fundación para la Libertad de Prensa (FLIP) sacó un pronunciamiento diciendo que consideraba que se trataba de un robo de información[72] y me asesoró para interponer la denuncia ante las autoridades. Mi entonces jefa, Juanita León, por su parte, se comunicó con María Lorena Gutiérrez, en ese momento secretaria general de Palacio y mano derecha del entonces presidente Juan Manuel Santos, para contarle lo sucedido y preguntar si podíamos contar con el respaldo del mandatario en caso de que nos sucediera algo más. Horas después, el abogado de los Daes llamó furioso a Juanita porque Santos había llamado personalmente a su cliente para decirle que no se metiera con *La Silla Vacía*, y según él los empresarios no tenían nada que ver con el hostigamiento. Luego le confesó a Juanita que los Daes sí habían estado involucrados con el intento de campaña de desprestigio que nos hicieron por redes, pero no con el atraco, un asunto que ocho años después no ha sido esclarecido por la justicia.[73]

72 Fundación para la Libertad de Prensa, «Robo de información y presiones a *La Silla Vacía*», 13 de mayo de 2015.

73 Todos estos datos fueron contados por Juanita León en su libro *10.000 Horas en La Silla Vacía* (Aguilar, 2020).

Para este libro, ratifiqué la dificultad de hacer reportería sobre los Daes. El 24 de febrero de 2023, tras pedirle formalmente una entrevista, Christian Daes me contestó por chat que no tenía ningún interés en hablarme: «Es claro que cuando nos has llamado para cumplir con eso que algunos periodistas llaman equilibrio lo que has publicado está lejos de la verdad, lo tergiversas y lo acomodas a tus intereses», dijo entre varias cosas. Después, me bloqueó en WhatsApp. Sin embargo, en ocho años, ni Christian Daes ni su hermano Yuyo adelantaron jamás ningún trámite de rectificación frente a mis escritos.

El día antes de este cruce de mensajes, le había escrito por chat a un periodista llamado Óscar Ritoré para preguntarle si podía tramitar con él mi petición formal de entrevista a los señores Daes. Lo hice porque una periodista importante de Bogotá, amiga de Christian Daes, facilitó el número de Ritoré diciendo que se trataba del asesor de comunicaciones de los empresarios. Ritoré me respondió que los Daes no necesitan personas que les manejen las comunicaciones, que él era un gran amigo de ellos y que se atrevía a anticiparme que no tenían interés en hablar conmigo, debido a que en tiempos anteriores yo había dedicado mis escritos a especular y a generar dudas sobre su honestidad. Terminó anunciando que me iba a bloquear en WhatsApp con el siguiente mensaje textual: «Procedo a bloquearte en mi móvil para que no tengas que escribir en tus notas absurdos como los que pusiste en aquella donde afirmaste impunemente que te asaltaron para robarte un teléfono, secuestrar tus escritos y convertirte en una víctima fantástica de una historia inverosímil».

Semanas antes de esta publicación, colegas en quienes confío me contaron que la periodista importante, amiga de Daes, aseguraba en grupos de chat y en otros escenarios, que yo era una «periodista extorsionista». Un intento de desprestigio que me recordó el burdo mensaje anónimo de WhatsApp que circuló contra *La Silla Vacía* en 2015, cuando escribí por primera vez de los mayores contratistas desde que los Char llegaron al poder.

La historia política de los Char continúa abierta, claro. El terremoto del caso Aída Merlano dejó en jaque al imperio, pero con muchos caminos posibles aún a la vista. Esta reportería finalizó con la parábola de esa exposición. Al momento de poner el punto final de *La Costa Nostra*, Aída Merlano estaba pendiente de su fallo en segunda instancia por violación de topes en las campañas electorales. Igualmente, a su hija, Aída Victoria Merlano Manzaneda, no se le había resuelto el recurso de apelación a la condena en primera instancia por fuga de presos y uso de menores de edad en la comisión de delitos. Julio Gerlein seguía en juicio por violación de topes electorales, corrupción al sufragante y concierto para delinquir. Y Arturo Char enfrentaba una investigación penal formal en la Corte Suprema de Justicia por los delitos de corrupción electoral y concierto para delinquir.[74]

En febrero de 2022, la Sala Especial de Instrucción de la Corte Suprema ordenó compulsar copias ante el despacho del fiscal general, Francisco Barbosa, para que investigue las acusaciones de Merlano contra Álex Char Chaljub, Fuad Char Abdala, Julio Gerlein Echeverría, Julio Eduardo Gerlein Villa, Faisal Cure, Héctor Amarís y Lilibeth Llinás, entre otros personajes mencionados en las declaraciones de la excongresista.

Ese mismo mes, el abogado Miguel Ángel del Río, en representación de Aída Merlano como víctima, denunció en la Fiscalía a Álex y a Fuad Char, y a otras personas por determinar, por los delitos de fuga de presos, secuestro agravado, constreñimiento para delinquir, tentativa de

---

74 En junio de 2023, Arturo Char rindió indagatoria de manera virtual y se acogió a la garantía constitucional y legal de guardar silencio. Ese día quedó vinculado formalmente al proceso penal. La Sala Penal de Instrucción de la Corte Suprema deberá ahora resolver su situación jurídica.

homicidio, fraude procesal, soborno en actuación penal y acceso carnal violento. Los Char respondieron anunciando una denuncia contra Merlano por falso testimonio. El abogado Iván Cancino me dijo en marzo de 2023 que tiene un poder para presentar esa denuncia, pero en ese momento aún no lo había hecho.

Agregó Cancino que, para esa fecha, ni Fuad Char ni su hijo Álex Char habían recibido notificación o citación alguna de la Fiscalía en relación con las denuncias de Aída Merlano.

AGRADECIMIENTOS

A todos los lectores, ciudadanos, periodistas, editores, artistas, académicos, amigos, desconocidos, que se pronunciaron en contra del silenciamiento a este libro.

A las fuentes que estos años de cubrimiento en Barranquilla me contaron historias, me confirmaron datos y movidas y me ayudaron a entender mejor cómo funciona la política, algunas veces incluso en contra de sus propios intereses o los de aliados suyos. También, a quienes para esta investigación me concedieron entrevistas en Santa Marta, Cartagena, Lorica, Montería, Barrancabermeja y Bogotá.

A Juanita León, la amiga y mentora fundamental de mi camino en el oficio. Este libro no hubiese sido posible sin su apoyo en muchos sentidos. Fue ella quien me ayudó a establecer mi vocación de periodista regional entregándome el timón de su medio en el Caribe. En una renovación de la utopía periodística, por decisión suya, durante un año *La Silla Vacía* me brindó respaldo económico para que pudiera dedicarme exclusivamente a esta reportería y a escribir. Juanita fue mi interlocutora en todos los caminos complejos que tuvo que pasar esta publicación. Su mano no me dejó desistir. Además, editó cada capítulo, hizo el prólogo y salió a rechazar el intento de censura. A ella, y a mis amigos en esa gran casa periodística que es *La Silla*, mi abrazo infinito.

A Ana Bejarano, por el ejemplo de su coraje y profesionalismo y por su compañía indispensable de tantas horas. La edición legal que Ana y la fundación El Veinte, que ella dirige, hicieron a esta investigación, fue un aporte vital para blindarla de la censura y de la autocensura. Su defensa ante la cancelación permitió a este trabajo ver la luz. La lucha de esta organización por la libertad de expresión de medios, periodistas y ciudadanos, la convierte en un espacio fundamental para la democracia en Colombia.

A John Naranjo, Carolina Rey, Raúl Zea, y todo el equipo de la editorial independiente Rey Naranjo, por amar y cuidar los libros, por valientes y por creer que investigaciones como esta pueden aportar a que haya más comprensión de las cosas que suceden en el país de la periferia y a que, ojalá, en un futuro mejore nuestro sistema democrático.

A la Fundación para la Libertad de Prensa (FLIP), y a su director Jonathan Bock, por ser la sombrilla segura que todos estos años de cubrimiento al poder en el Caribe me arropó frente a varias agresiones y dificultades, incluyendo lo ocurrido con este proyecto. La FLIP, imprescindible para el ejercicio libre del periodismo desde las regiones de Colombia, es parte del equipo generoso que protege y apoya la difusión de *La Costa Nostra*.

A Alejandro Gómez Dugand (y a los dieciséis medios de comunicación que integran *La Liga contra el Silencio*, que él dirige), que también es parte de ese equipo, por su respaldo afectuoso y su ingenio.

A Andrea Montejo, de Indent Literary Agency, mi representante y una de las sorpresas más gratas que me encontré en la segunda etapa de publicación. Gracias a ella por creer en mí, por ser guía en un mundo fascinante pero desconocido y por ejecutar las decisiones difíciles.

A mi red de lectores discretos: mis colegas y amigos Andrés Bermúdez, Juan Pablo Pérez Burgos, Éver Mejía y Tatiana Velásquez, mi incondicional hermana Melina Ardila y el gran investigador Luis Fernando Trejos. Todos ellos hicieron comentarios y sugerencias valiosas al manuscrito. El escritor Horacio Brieva leyó el capítulo 2 y también aportó recomendaciones clave.

Al maestro Gerardo Reyes, que generosamente leyó el primer borrador y me planteó preguntas sobre el fondo y la forma que me sirvieron para hacer ajustes importantes al texto y para ratificar el tono.

A los periodistas que a lo largo de cinco años hicieron equipo conmigo en *La Silla Caribe*: Juan Pablo Pérez, Éver Mejía, Antonio Canchila, Tatiana Velásquez y Jorge Cantillo. Sus historias y reportería nutrieron lo escrito aquí.

Al Organized Crime and Corruption Reporting Project (OCCRP) y a su editor para América Latina, Nathan Jaccard, por su colaboración para rastrear información.

A mi talentosa amiga Daniela Amaya, que me ayudó a pensar la portada que quería, incluso trabajó en varias ideas, y ha sido guía creativa de este proyecto.

A *El Espectador* y *Vorágine*, dos medios que también son casa, en donde me abrieron espacios y levantaron la voz en rechazo al silencio.

A Felipe González, de editorial Laguna y la Cámara Colombiana de la Edición Independiente, por abrazar el esfuerzo de esta publicación.

A Daniel Samper Ospina, mi generoso coach para abrir mi canal de YouTube 'La Colombia Nostra'. Y al equipo de Betr Media, que lo hizo posible.

A Juan Avellaneda, por su apoyo y por confiar en mí y en mi trabajo.

A todos los maravillosos amigos que me iluminaron, inspiraron y fueron fuente de ánimo en este camino de dos años: Juanita Vélez, Jineth Prieto, Nohora Celedón, Tatiana Duque, Tatiana Blanco, Ana Cristina Restrepo, Ana León, Tatiana Velásquez, Margarita Martínez, Adriana Villegas, Anwar Karawi, Andrés Bermúdez, Laila Abu Shihab, Juan Esteban Lewin, Federico Sarmiento y Juan Sebastián Galán. Gracias por su afecto y por no cansarse de oírme hablar de este libro.

A mis padres, Carlos y Aída, y a tía Judy, por creer en mí, por su amor inagotable y por ayudarme a sostener en las horas más duras. A mi tío Emiro, que con su buen criterio me ha regalado varias de las historias que he hecho en el Caribe. A Sebastián, mi orgullo y el mejor contertulio de estos planes. A Salomé, la niña que llamaba a darme alegría mientras escribía. A todos mis sobrinos, porque sus vidas son esperanza. A las familias Ardila y Arrieta, porque en estos dos años hemos vivido pérdidas, pero también milagros.

LAURA ARDILA ARRIETA

Periodista y cronista del Caribe colombiano, en ejercicio del oficio desde 2003. Sus historias son un referente para entender la dinámica entre las élites de Bogotá y los grupos políticos de la periferia, y en general para comprender las formas del poder en Colombia. Trabajó durante diez años en *La Silla Vacía*, en donde fundó y dirigió *La Silla Caribe*, el primer capítulo regional de ese medio nativo digital independiente. Es coautora de los libros *Súper poderosos* (Aguilar, 2014), *De vidas se hizo el conflicto* (La Silla Vacía, 2015), *El dulce poder* (Aguilar, 2018) y *Los presidenciables* (Aguilar, 2022). Ganadora de tres premios nacionales de periodismo, incluyendo el Premio Nacional de Periodismo Simón Bolívar en la categoría Periodista del Año 2017. Miembro del equipo autor del especial Tierra de resistentes, finalista del Premio Gabo, en la categoría Cobertura 2020. Colabora de manera independiente en varios medios, dicta talleres sobre cómo cubrir el poder desde las regiones y es columnista dominical en *El Espectador*. *La Costa Nostra* es su primer libro.

FONDO CIUDADANO CONTRA EL SILENCIO

La autora Laura Ardila, *La Silla Vacía*, El Veinte, la Fundación para la Libertad de Prensa, *La Liga contra el Silencio* y Rey Naranjo Editores se unen en este proyecto para fomentar la discusión sobre el centralismo y los grandes poderes políticos en Colombia que le dan la espalda a la periferia del país. Por eso, tenemos como propósito hacer llegar *La Costa Nostra* a zonas apartadas del territorio nacional, a personas y organizaciones de la sociedad civil que consideramos fundamental conozcan esta historia.

Para más información visita:
www.reynaranjo.net/lacostanostra

TIPOGRAFÍA

Sentinel fue diseñada por Jonathan Hoefler en 2004 y publicada por primera vez en 2009, *Sentinel* cuenta con pesos extremos, un mayor contraste entre los trazos gruesos y finos, y serifas robustas y sin corchetes.

Knockout es obra de Jonathan Hoefler en 1994 como una reinvención de su *Champion Gothic* (1991) y está inspirada en las tipografías sans serif que usaron las imprentas estadounidenses a partir de finales del siglo XIX.

Whitney fue diseñada por Tobias Frere-Jones en 1996, esta sans serif humanista de formas orgánicas fue comisionada originalmente por el Whitney Museum en Estados Unidos.

꧁

Este libro viaja a imprenta el 1 de agosto de 2023. Cuatro días atrás Álex Char inscribió su candidatura a la Alcaldía de Barranquilla. Por tercera vez. Su intención de voto es cercana al 80%.

WWW.REYNARANJO.NET